交通运输企业主要负责人和安全生产管理人员培训丛书

道路危险货物运输企业

主要负责人和安全生产管理人员培训教材

本书编写组 编

交通运输部安全委员会办公室 审定

《中华人民共和国安全生产法》第二十四条

生产经营单位的主要负责人和安全生产管理人员必须具备与本单位所从事的生产经营活动相应的安全生产知识和管理能力。

道路运输单位的主要负责人和安全生产管理人员，应当由主管的负有安全生产监督管理职责的部门对其安全生产知识和管理能力考核合格……

内 容 提 要

本书作为道路危险货物运输企业主要负责人和安全生产管理人员的培训教材，讲述了道路危险货物运输企业的基础安全管理重点和难点。本书根据《安全生产法》对企业主要负责人和安全生产管理人员的要求编写。全书共分为八章，主要内容包括：道路危险货物运输的相关法律法规、生产经营单位安全生产主体责任、企业安全生产管理基础、危险货物的基本特性及分类、危险源的辨识及危险有害因素的识别、应急救援、科技化与信息化、事故案例教育与分析等相关内容。

本书适用于道路危险货物运输企业主要负责人和安全生产管理人员培训和学习。

图书在版编目（CIP）数据

道路危险货物运输企业主要负责人和安全生产管理人员培训教材/《道路危险货物运输企业主要负责人和安全生产管理人员培训教材》编写组编．—北京：人民交通出版社股份有限公司，2016.6

ISBN 978-7-114-13013-7

Ⅰ.①道… Ⅱ.①道… Ⅲ.①公路运输—危险货物运输—交通运输安全—安全管理—技术培训—教材 Ⅳ.①U492.8

中国版本图书馆 CIP 数据核字（2016）第 103514 号

Daolu Weixian Huowu Yunshu Qiye Zhuyao Fuzeren he Anquan Shengchan Guanli Renyuan Peixun Jiaocai

书　　名：道路危险货物运输企业主要负责人和安全生产管理人员培训教材
著 作 者：本书编写组
责任编辑：林宇峰
出版发行：人民交通出版社股份有限公司
地　　址：（100011）北京市朝阳区安定门外外馆斜街 3 号
网　　址：http://www.ccpress.com.cn
销售电话：（010）59757973
总 经 销：人民交通出版社股份有限公司发行部
经　　销：各地新华书店
印　　刷：北京鑫正大印刷股份有限公司
开　　本：880×1230　1/32
印　　张：6.375
字　　数：171 千
版　　次：2016 年 6 月　第 1 版
印　　次：2016 年 6 月　第 1 次印刷
书　　号：ISBN 978-7-114-13013-7
定　　价：30.00 元

交通运输企业主要负责人和安全生产管理人员培训丛书

编 委 会

鸣　谢：北京中平科学技术院

前　言

《中华人民共和国安全生产法》（以下简称《安全生产法》）第二十四条规定："生产经营单位的主要负责人和安全生产管理人员必须具备与本单位所从事的生产经营活动相应的安全生产知识和管理能力。危险物品的生产、经营、储存单位以及矿山、金属冶炼、建筑施工、道路运输单位的主要负责人和安全生产管理人员，应当由主管的负有安全生产监督管理职责的部门对其安全生产知识和管理能力考核合格。"为了使交通运输企业主要负责人和安全生产管理人员能够不断学习安全生产管理知识，提高安全生产管理能力，并通过主管部门的考核，我们组织编写了《交通运输企业主要负责人和安全生产管理人员培训丛书》。丛书共分10册：

（1）《城市公共汽车客运企业主要负责人和安全生产管理人员培训教材》；

（2）《城市轨道交通运输企业主要负责人和安全生产管理人员培训教材》；

（3）《出租汽车企业主要负责人和安全生产管理人员培训教材》；

（4）《道路旅客运输企业主要负责人和安全生产管理人员培训教材》；

（5）《道路危险货物运输企业主要负责人和安全生产管理人员培训教材》；

（6）《道路普通货物运输企业主要负责人和安全生产管理人员培训教材》；

(7)《道路货物运输站场主要负责人和安全生产管理人员培训教材》;

(8)《机动车维修企业主要负责人和安全生产管理人员培训教材》;

(9)《汽车客运站主要负责人和安全生产管理人员培训教材》;

(10)《交通运输建筑施工企业主要负责人和安全生产管理人员培训教材》。

本套丛书根据交通运输企业实际情况,按照理论与实践相结合的原则进行编写,根据交通运输各经营类别的特点,将安全生产管理知识充分融入实际工作之中,使企业主要负责人和安全生产管理人员能够通过学习切实提高安全知识水平和实际安全生产管理能力。

本书经过大量的现场咨询考察和调研编写而成,本书具备如下特点:

(1)依据最新法规内容要求编写,符合行业管理要求。

(2)结合大量危货运输企业现场咨询调研实际情况进行编写,理论与实际紧密结合。

(3)结合企业实际需求,对于企业的安全生产管理具有十分重要的指导意义。

(4)充分结合行业特点,更具备针对性。

本书共分8章,从法律法规、安全生产主体责任、企业安全生产管理基础、危险源的辨识及危险有害因素的识别、应急救援、事故案例教育与分析等各方面讲解安全生产管理知识,供道路危险货物运输企业主要负责人和安全生产管理人员学习和参考。

本书由唐娜、杜宗跃主编,王谦、王姝妍、刘新娜、李伟、李卫平、鲁建平参与编写。

由于编者的水平有限，书中难免有不妥之处，敬请广大读者批评指正。

交通运输企业主要负责人和安全生产管理人员培训丛书编委会

2016 年 3 月 15 日

目 录

第一章　道路危险货物运输的相关法律、法规

第一节　安全生产方针和安全工作基本原则

一、我国安全生产的基本方针

我国安全生产的基本方针是安全第一、预防为主和综合治理。

“安全第一”是我国安全生产工作的核心理念,它要求我们在生产经营过程中应始终把安全放在第一位,实行“安全优先”原则,坚持以人为本,在确保安全的前提下,实现生产经营的其他目标。

“预防为主”是指把预防安全生产事故的发生放在安全生产工作的首位,努力做到事前防范,而不是事后补救。按照系统化、科学化的管理思想,按照事故发生的规律和特点,千方百计预防事故,做到防患于未然,将事故消灭在萌芽状态。

“综合治理”是安全管理工作的重要措施,是指运用科技、经济、法律、行政等手段,人管、法治、技防多管齐下,并充分发挥社会、职工、舆论的监管作用,做到标本兼治、重在治本,实现安全生产的齐抓共管。

二、道路运输安全工作基本原则

《国务院关于加强道路交通安全工作的意见》(国发〔2012〕30号)提出了道路交通安全工作的四大基本原则(图1-1)。

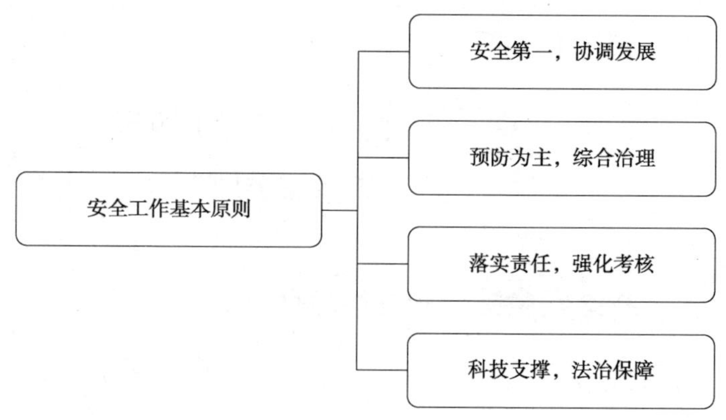

图1-1　安全工作基本原则

“安全第一,协调发展”即正确处理安全与速度、质量、效益的关系,坚持把安全放在首位,加强统筹规划,使道路交通安全融入国民经济社会发展大局,与经济社会同步协调发展,地方各级人民政府要高度重视道路交通安全工作,将其纳入经济和社会发展规划,与经济建设和社会发展同部署、同落实、同考核,并加强对道路交通安全工作的统筹协调和监督指导。

“预防为主,综合治理”即严格驾驶员、车辆、运输企业准入和安全管理,加强道路交通安全设施建设,深化隐患排查治理,着力解决制约和影响道路交通安全的源头性、根本性问题,夯实道路交通安全基础。

“落实责任,强化考核”即全面落实企业主体责任、政府及部门监管责任和属地管理责任，健全目标考核和责任追究制度，加强督导检查和责任倒查，依法严格追究事故责任。

"科技支撑，法治保障"即强化科技装备和信息化技术应用，建立健全法律法规和标准规范，加强执法队伍建设，依法严厉打击各类交通违法违规行为，不断提高道路交通科学管理和执法服务水平。推进高速公路全程监控等智能交通管理系统建设，强化科技装备和信息化技术在道路交通执法中的应用，提高道路交通安全管控能力。

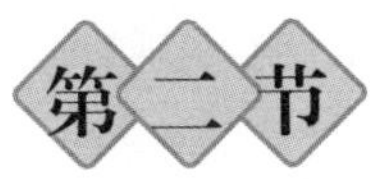

第二节　安全生产法律法规体系

一、法的概念、本质和特征

❶ 法的概念

法有狭义和广义之分，从广义上讲，国家按照统治阶级利益和意志制定或者认可的，并由国家强制力保证其实施的行为规范的总和即为法，而狭义上的法，包括宪法、法律、行政法规、地方性法规、行政规章等各种成文法在内具体的法律规范。

❷ 法的本质

法的最本质的属性是统治阶级的意志，而不是任何个人的意志，更不是超阶级的共同意志。统治阶级的意志决定于统治阶级的物质生活条件，这种物质生活条件构成法的基础。法作为统治阶级的意志可以体现在以下 3 个方面：

(1) 意志内容的一般性；

(2) 意志内容的客观性；

(3) 意志内容的统一性。

❸ 法的特征

法所表现的意志首先是一种社会意识形态,但又不单纯是意识形态,而是一种社会规范。它为人们规定一定的行为规则,指示人们在特定的条件下可以做什么,必须做什么,禁止做什么,即规定人们享有的权利和应当履行的义务,从而调整人们在社会生活中的相互关系。法作为一种社会规范,在其发生作用的范围内具有普遍性、稳定性和约束力。社会规范很多,诸如道德、风俗习惯、宗教教规,以及各种社会团体的规章等。法与上述社会规范不同,法是一种特殊的社会规范,这表现在法具有以下 4 个特征:

(1)法是由特定的国家机关制定的;

(2)法是依照特定的程序制定的;

(3)法具有国家强制性;

(4)法是调整人们行为的社会规范。

二、安全生产法律体系

我国安全生产法律法规体系,是指我国全部现行的、不同的安全生产法律规范形成的有机联系的统一整体,是国家法律法规体系的一部分。按照其法律地位和法律效力的层级划分为法律、法规、规章以及安全生产标准,如图 1-2 所示。

❶ 安全生产法律

安全生产法律特指由全国人民代表大会及其常务委员会依照一定的立法程序制定和颁布的规范性文件。我国安全生产法律包括基础法律、专门法律和相关法律等。

1)基础法

《中华人民共和国安全生产法》是综合安全生产法律制度的

法律，属于基础法，它适用于与生产经营活动安全有关的所有行为、单位、部门，是我国安全生产法律体系的核心。

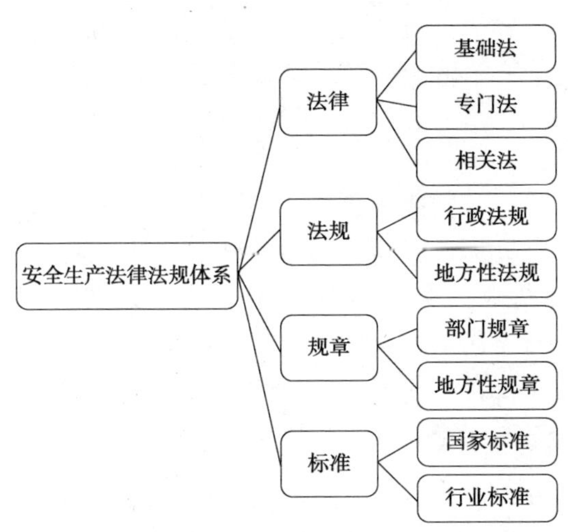

图 1-2　安全生产法律法规体系

2）专门法

专门的安全生产法律是规范某一专业领域生产法律制度的法律，我国在专业领域的法律有《中华人民共和国道路交通安全法》、《中华人民共和国消防法》、《中华人民共和国特种设备安全法》等。

3）相关法

与安全生产相关的法律是指安全生产专门法律以外的其他法律中涵盖有安全生产内容的法律，如《中华人民共和国劳动法》、《中华人民共和国工会法》等 。

❷ 安全生产法规

我国现行的法规分为行政法规和地方性法规。

1)行政法规

安全生产行政法规是由国务院组织制定并批准公布的,是为实施安全生产法律或规范安全生产监督管理制度而制定并颁布的一系列具体规定,是实施安全生产监督管理和监察工作的重要依据。安全生产行政法规有《中华人民共和国道路运输条例》、《生产安全事故报告和调查处理条例》等。

2)地方性法规

安全生产地方性法规是指由有立法权的地方权力机关——人民代表大会及其常务委员会依照法定职权和程序制定和颁布的、实行于本行政区域的规范性文件。各省人大及常委会通过的安全生产条例等有关国家法律法规的实施办法、条例等均属于安全生产地方性法规。

❸ 安全生产规章

1)部门规章

安全生产部门规章是指国务院的部、委员会和直属机构依照法律、行政法规或者国务院授权指定的在全国范围内实施安全生产行政管理的规范性文件,如《道路运输从业人员管理规定》、《交通运输突发事件应急管理规定》、《道路旅客运输及客运站管理规定》等。

2)地方性规章

安全生产地方性规章是由省、自治区、直辖市、较大的市(省、自治区政府所在地的市、经济特区政府所在地的市和经国务院批准的较大的市)的人民政府根据法律、行政法规和本省、自治区、直辖市的地方性法规制定的规章。

❹ 安全生产标准

安全生产标准是围绕如何消除、限制或预防劳动过程中的危险和有害因素,保护职工安全与健康,保障设备、生产正常运行而制定的统一规定。依据《中华人民共和国标准化法》的规定,标准的层次依次为:国家标准、行业标准、地方标准、企业标准,列入安全生产法律体系的主要是指国家标准和行业标准,国家标准、行业标准又分为强制性标准和推荐性标准。

❺ 安全生产法律法规的法律效力及相互关系

(1)安全生产法律的地位和效力次于宪法,其规定不得同宪法相抵触。安全生产法律效力高于行政法规、地方性法规和行政规章。

(2)行政法规的法律地位和法律效力次于宪法和法律,但高于地方性法规、行政规章。行政法规在中华人民共和国领域内具有约束力,这种约束力体现在两个方面:一是约束国家行政机关自身的效力,二是约束行政管理相对人的效力。

(3)地方性法规的法律效力高于本级和下级地方政府规章。地方性法规与部门规章之间对同一事项的规定不一致，不能确定如何适用时，由国务院提出意见，国务院认为应当适用地方性法规的，应当决定在该地方适用地方性法规的规定；认为应当适用部门规章的，应当提请全国人民代表大会常务委员会裁决。

(4)部门规章之间、部门规章与地方政府规章之间具有同等效力，在各自的权限范围内施行。部门规章之间、部门规章与地方政府规章之间对同一事项的规定不一致时，由国务院裁决。

(5)同一机关制定的法律、行政法规、地方性法规、自治条例和单行条例、规章,特别规定与一般规定不一致的,适用于特别规定;新规定与旧规定不一致的,适用于新规定。

三、道路危险货物运输相关法律法规体系框架

道路危险货物运输相关法律法规体系框架如图 1-3 所示。

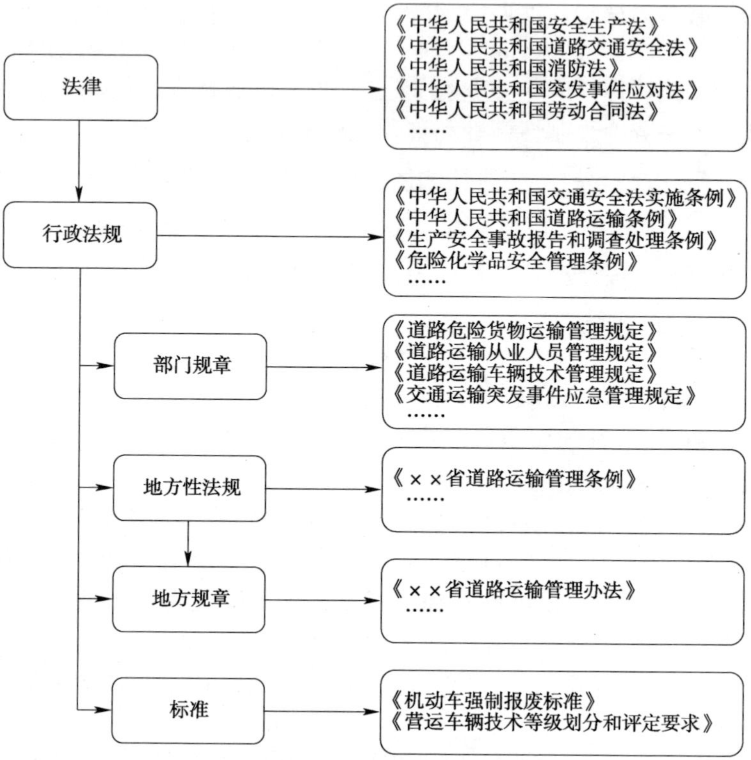

- 法律
  - 《中华人民共和国安全生产法》
  - 《中华人民共和国道路交通安全法》
  - 《中华人民共和国消防法》
  - 《中华人民共和国突发事件应对法》
  - 《中华人民共和国劳动合同法》
  - ……
- 行政法规
  - 《中华人民共和国交通安全法实施条例》
  - 《中华人民共和国道路运输条例》
  - 《生产安全事故报告和调查处理条例》
  - 《危险化学品安全管理条例》
  - ……
- 部门规章
  - 《道路危险货物运输管理规定》
  - 《道路运输从业人员管理规定》
  - 《道路运输车辆技术管理规定》
  - 《交通运输突发事件应急管理规定》
  - ……
- 地方性法规
  - 《××省道路运输管理条例》
  - ……
- 地方规章
  - 《××省道路运输管理办法》
  - ……
- 标准
  - 《机动车强制报废标准》
  - 《营运车辆技术等级划分和评定要求》

图1-3　道路危险货物运输相关法律法规体系框架图

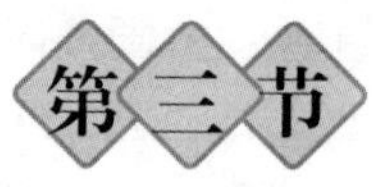

道路危险货物运输相关法律规定、规章制度

我国道路危险货物安全运输相关法律法规，如《中华人民共和国安全生产法》、《中华人民共和国道路交通安全法》、《中华人民共和国道路运输条例》等都是我国道路危险货物运输的强制要求文件，自我国相关法律体系建立之后作为基础性规范运用在我

国道路危险货物运输行业之中。

一、《中华人民共和国安全生产法》

《中华人民共和国安全生产法》(以下简称《安全生产法》)于2002年6月29日经第九届全国人民代表大会常务委员会第二十八次会议通过,2002年11月1日起施行。

2014年8月31日,第十二届全国人民代表大会常务委员会第十次会议通过了《全国人民代表大会常务委员会关于修改〈中华人民共和国安全生产法〉的决定》(中华人民共和国主席令第七十号),并于2014年12月1日起施行。

(一)法律地位和立法目的

《安全生产法》是我国第一部全面规范安全生产的专门法律,在安全生产法律法规体系中法律地位和法律效力是最高的。它是我国安全生产法律体系的主体法,是各类生产经营单位及其从业人员实现安全生产必须遵循的行为准则,是各级人民政府及其有关部门进行监督管理和行政执法的法律依据,是制裁各种安全生产违法犯罪行为的有力武器。

《安全生产法》的立法目的是:"为了加强安全生产监督管理,防止和减少生产安全事故,保障人民群众生命和财产安全,促进经济社会持续健康发展,制定本法。"

(二)适用范围

《安全生产法》第二条对适用范围作了规定:"在中华人民共和国领域内从事生产经营活动的单位(以下统称生产经营单位)的安全生产,适用本法;有关法律、行政法规对消防安全和道路交通安全、铁路交通安全、水上交通安全、民用航空安全以及核与辐射安全、特种设备安全另有规定的，适用其规定。”

(三)基本规定

❶ 安全生产管理的方针

第三条　安全生产工作应当以人为本，坚持安全发展，坚持安全第一、预防为主、综合治理的方针，强化和落实生产经营单位的主体责任，建立生产经营单位负责、职工参与、政府监管、行业自律和社会监督的机制。

❷ 安全生产责任制度

第四条　生产经营单位必须遵守本法和其他有关安全生产的法律、法规，加强安全生产管理，建立、健全安全生产责任制和安全生产规章制度，改善安全生产条件，推进安全生产标准化建设，提高安全生产水平，确保安全生产。

第十九条　生产经营单位的安全生产责任制应当明确各岗位的责任人员、责任范围和考核标准等内容。生产经营单位应当建立相应的机制，加强对安全生产责任制落实情况的监督考核，保证安全生产责任制的落实。

❸ 工会在安全生产工作中的地位和权力

第七条　工会依法对安全生产工作进行监督。生产经营单位的工会依法组织职工参加本单位安全生产工作的民主管理和民主监督，维护职工在安全生产方面的合法权益。生产经营单位制定或者修改有关安全生产的规章制度，应当听取工会的意见。

《安全生产法》第五十七条明确了工会参加安全管理的监督的权力：“工会有权对建设项目的安全设施与主体工程同时设计、同时施工、同时投入生产和使用进行监督，提出意见。工会对生产经营单位违反安全生产法律、法规，侵犯从业人员合法权益的行为，有权要求纠正；发现生产经营单位违章指挥、强令冒险作业或者发现事故隐患时，有权提出解决的建议，生产经营单位应当及时研究答复；发现危及从业人员生命安全的情况时，有权向生产经营单位建议组织从业人员撤离危险场所，生产经营单位必须立即作出处理。工会有权依法参加事故调查，向有关部门提出处理意见，并要求追究有关人员的责任。”

❹ 安全生产事故责任追究

第十四条 国家实行生产安全事故责任追究制度，依照本法和有关法律、法规的规定，追究生产安全事故责任人员的法律责任。

❺ 安全生产标准

第十条 国务院有关部门应当按照保障安全生产的要求，依法及时制定有关的国家标准或者行业标准，并根据科技进步和经济发展适时修订。生产经营单位必须执行依法制定的保障安全生产的国家标准或者行业标准。

❻ 安全生产宣传教育

第十一条 各级人民政府及其有关部门应当采取多种形式，加强对有关安全生产的法律、法规和安全生产知识的宣传，增强全社会的安全生产意识。

第七十四条 新闻、出版、广播、电影、电视等单位有进行安全生产公益宣传教育的义务，有对违反安全生产法律、法规的行为进行舆论监督的权利。

❼ 安全生产科技进步和奖励

第十五条 国家鼓励和支持安全生产科学技术研究和安全生产先进技术的推广应用，提高安全生产水平。

第十六条 国家对在改善安全生产条件、防止生产安全事故、参加抢险救护等方面取得显著成绩的单位和个人，给予奖励。

第七十三条　县级以上各级人民政府及其有关部门对报告重大事故隐患或者举报安全生产违法行为的有功人员，给予奖励。具体奖励办法由国务院负责安全生产监督管理的部门会同国务院财政部门制定。

（四）主要负责人和安全管理人员的安全责任

❶ 主要负责人的安全责任

第五条　生产经营单位的主要负责人对本单位的安全生产工作全面负责。

生产经营单位主要负责人是指对本单位生产经营负全面责任，有生产经营决策权的人员。具体指有限责任公司或股份有限公司的董事长、总经理，其他生产经营单位的厂长、经理、矿长、投资人等。

第十八条　生产经营单位的主要负责人对本单位安全生产工作负有下列职责：

（1）建立、健全本单位安全生产责任制；

（2）组织制定本单位安全生产规章制度和操作规程；

（3）组织制定并实施本单位安全生产教育和培训计划；

（4）保证本单位安全生产投入的有效实施；

（5）督促、检查本单位的安全生产工作，及时消除生产安全事故隐患；

（6）组织制定并实施本单位的生产安全事故应急救援预案；

（7）及时、如实报告生产安全事故。

第四十七条　生产经营单位发生生产安全事故时，单位的主要负责人应当立即组织抢救，并不得在事故调查处理期间擅离职守。

❷ 安全管理人员的安全责任

第十九条　生产经营单位的安全生产责任制应当明确各岗位的责任人员、责任范围和考核标准等内容。

生产经营单位应当建立相应的机制，加强对安全生产责任制落实情况的监督考核，保证安全生产责任制的落实。

第二十条　生产经营单位应当具备的安全生产条件所必需的资金投入，由生产经营单位的决策机构、主要负责人或者个人经营的投资人予以保证，并对由于安全生产所必需的资金投入不足导致的后果承担责任。

有关生产经营单位应当按照规定提取和使用安全生产费用，专门用于改善安全生产条件。安全生产费用在成本中据实列支。安全生产费用提取、使用和监督管理的具体办法由国务院财政部门会同国务院安全生产监督管理部门征求国务院有关部门意见后制定。

第二十一条　矿山、金属冶炼、建筑施工、道路运输单位和危险物品的生产、经营、储存单位，应当设置安全生产管理机构或者配备专职安全生产管理人员。

前款规定以外的其他生产经营单位，从业人员超过一百人的，应当设置安全生产管理机构或者配备专职安全生产管理人员；从业人员在一百人以下的，应当配备专职或者兼职的安全生产管理人员。

第二十二条　生产经营单位的安全生产管理机构以及安全生产管理人员履行下列职责：

(1)组织或者参与拟订本单位安全生产规章制度、操作规程和生产安全事故应急救援预案；

(2)组织或者参与本单位安全生产教育和培训，如实记录安全生产教育和培训情况；

(3)督促落实本单位重大危险源的安全管理措施;

(4)组织或者参与本单位应急救援演练;

(5)检查本单位的安全生产状况,及时排查生产安全事故隐患,提出改进安全生产管理的建议;

(6)制止和纠正违章指挥、强令冒险作业、违反操作规程的行为;

(7)督促落实本单位安全生产整改措施。

第二十三条　生产经营单位的安全生产管理机构以及安全生产管理人员应当恪尽职守,依法履行职责。

生产经营单位作出涉及安全生产的经营决策,应当听取安全生产管理机构以及安全生产管理人员的意见。

生产经营单位不得因安全生产管理人员依法履行职责而降低其工资、福利等待遇或者解除与其订立的劳动合同。

危险物品的生产、储存单位以及矿山、金属冶炼单位的安全生产管理人员的任免,应当告知主管的负有安全生产监督管理职责的部门。

第二十四条　生产经营单位的主要负责人和安全生产管理人员必须具备与本单位所从事的生产经营活动相应的安全生产知识和管理能力。

危险物品的生产、经营、储存单位以及矿山、金属冶炼、建筑施工、道路运输单位的主要负责人和安全生产管理人员,应当由主管的负有安全生产监督管理职责的部门对其安全生产知识和管理能力考核合格。考核不得收费。

第二十五条　生产经营单位应当对从业人员进行安全生产教育和培训,保证从业人员具备必要的安全生产知识,熟悉有关的安全生产规章制度和安全操作规程,掌握本岗位的安全操作技能,了解事故应急处理措施,知悉自身在安全生产方面的权利和义务。未经安全生产教育和培训合格的从业人员,不得上岗作业。

生产经营单位使用被派遣劳动者的，应当将被派遣劳动者纳入本单位从业人员统一管理，对被派遣劳动者进行岗位安全操作规程和安全操作技能的教育和培训。劳务派遣单位应当对被派遣劳动者进行必要的安全生产教育和培训。

生产经营单位接收中等职业学校、高等学校学生实习的，应当对实习学生进行相应的安全生产教育和培训，提供必要的劳动防护用品。学校应当协助生产经营单位对实习学生进行安全生产教育和培训。

生产经营单位应当建立安全生产教育和培训档案，如实记录安全生产教育和培训的时间、内容、参加人员以及考核结果等情况。

第二十六条　生产经营单位采用新工艺、新技术、新材料或者使用新设备，必须了解、掌握其安全技术特性，采取有效的安全防护措施，并对从业人员进行专门的安全生产教育和培训。

第二十七条　生产经营单位的特种作业人员必须按照国家有关规定经专门的安全作业培训，取得相应资格，方可上岗作业。

特种作业人员的范围由国务院负安全生产监督管理部门会同国务院有关部门确定。

第二十八条　生产经营单位新建、改建、扩建工程项目（以下统称建设项目）的安全设施，必须与主体工程同时设计、同时施工、同时投入生产和使用。安全设施投资应当纳入建设项目概算。

第三十二条　生产经营单位应当在有较大危险因素的生产经营场所和有关设施、设备上，设置明显的安全警示标志。

第三十三条　安全设备的设计、制造、安装、使用、检测、维修、改造和报废，应当符合国家标准或者行业标准。

生产经营单位必须对安全设备进行经常性维护、保养，并定期检测，保证正常运转。维护、保养、检测应当作好记录，并由有关人员签字。

第三十四条　生产经营单位使用的危险物品的容器、运输工具，以及涉及人身安全、危险性较大的海洋石油开采特种设备和矿山井下特种设备，必须按照国家有关规定，由专业生产单位生产，并经具有专业资质的检测、检验机构检测、检验合格，取得安全使用证或者安全标志，方可投入使用。检测、检验机构对检测、检验结果负责。

第三十五条　国家对严重危及生产安全的工艺、设备实行淘汰制度，具体目录由国务院安全生产监督管理部门会同国务院有关部门制定并公布。法律、行政法规对目录的制定另有规定的，适用其规定。

省、自治区、直辖市人民政府可以根据本地区实际情况制定并公布具体目录，对前款规定以外的危及生产安全的工艺、设备予以淘汰。

生产经营单位不得使用应当淘汰的危及生产安全的工艺、设备。

第三十六条　生产、经营、运输、储存、使用危险物品或者处置废弃危险物品的，由有关主管部门依照有关法律、法规的规定和国家标准或者行业标准审批并实施监督管理。

生产经营单位生产、经营、运输、储存、使用危险物品或者处置废弃危险物品，必须执行有关法律、法规和国家标准或者行业标准，建立专门的安全管理制度，采取可靠的安全措施，接受有关主管部门依法实施的监督管理。

第三十七条　生产经营单位对重大危险源应当登记建档，进行定期检测、评估、监控，并制定应急预案，告知从业人员和相关人员在紧急情况下应当采取的应急措施。

生产经营单位应当按照国家有关规定将本单位重大危险源

及有关安全措施、应急措施报有关地方人民政府安全生产监督管理部门和有关部门备案。

第三十八条 生产经营单位应当建立健全生产安全事故隐患排查治理制度,采取技术、管理措施,及时发现并消除事故隐患。事故隐患排查治理情况应当如实记录,并向从业人员通报。

县级以上地方各级人民政府负有安全生产监督管理职责的部门应当建立健全重大事故隐患治理督办制度,督促生产经营单位消除重大事故隐患。

第三十九条 生产、经营、储存、使用危险物品的车间、商店、仓库不得与员工宿舍在同一座建筑物内,并应当与员工宿舍保持安全距离。

生产经营场所和员工宿舍应当设有符合紧急疏散要求、标志明显、保持畅通的出口。禁止锁闭、封堵生产经营场所或者员工宿舍的出口。

第四十条 生产经营单位进行爆破、吊装以及国务院安全生产监督管理部门会同国务院有关部门规定的其他危险作业,应当安排专门人员进行现场安全管理,确保操作规程的遵守和安全措施的落实。

第四十一条 生产经营单位应当教育和督促从业人员严格执行本单位的安全生产规章制度和安全操作规程;并向从业人员如实告知作业场所和工作岗位存在的危险因素、防范措施以及事故应急措施。

第四十二条 生产经营单位必须为从业人员提供符合国家标准或者行业标准的劳动防护用品,并监督、教育从业人员按照使用规则佩戴、使用。

第四十三条 生产经营单位的安全生产管理人员应当根据本单位的生产经营特点,对安全生产状况进行经常性检查;对检查中发现的安全问题,应当立即处理;不能处理的,应当及时报告本单位有关负责人,有关负责人应当及时处理。检查及处理情况应当如实记录在案。

生产经营单位的安全生产管理人员在检查中发现重大事故隐患,依照前款规定向本单位有关负责人报告,有关负责人不及时处理的,安全生产管理人员可以向主管的负有安全生产监督管理职责的部门报告,接到报告的部门应当依法及时处理。

第四十四条　生产经营单位应当安排用于配备劳动防护用品、进行安全生产培训的经费。

第四十五条　两个以上生产经营单位在同一作业区域内进行生产经营活动,可能危及对方生产安全的,应当签订安全生产管理协议,明确各自的安全生产管理职责和应当采取的安全措施,并指定专职安全生产管理人员进行安全检查与协调。

第四十六条　生产经营单位不得将生产经营项目、场所、设备发包或者出租给不具备安全生产条件或者相应资质的单位或者个人。

生产经营项目、场所发包或者出租给其他单位的,生产经营单位应当与承包单位、承租单位签订专门的安全生产管理协议,或者在承包合同、租赁合同中约定各自的安全生产管理职责;生产经营单位对承包单位、承租单位的安全生产工作统一协调、管理,定期进行安全检查,发现安全问题的,应当及时督促整改。

第四十七条　生产经营单位发生生产安全事故时,单位的主要负责人应当立即组织抢救,并不得在事故调查处理期间擅离职守。

第四十八条　生产经营单位必须依法参加工伤保险,为从业人员缴纳保险费。

国家鼓励生产经营单位投保安全生产责任保险。

(五)生产安全事故的应急救援与调查处理

第七十八条　生产经营单位应当制定本单位生产安全事故应急救援预案,与所在地县级以上地方人民政府组织制定的生产安全事故应急救援预案相衔接,并定期组织演练。

第七十九条　危险物品的生产、经营、储存单位以及矿山、金属冶炼、城市轨道交通运营、建筑施工单位应当建立应急救援组织;生产经营规模较小的,可以不建立应急救援组织,但应当指定兼职的应急救援人员。

危险物品的生产、经营、储存、运输单位以及矿山、金属冶炼、城市轨道交通运营、建筑施工单位应当配备必要的应急救援器材、设备和物资,并进行经常性维护、保养,保证正常运转。

第八十条　生产经营单位发生生产安全事故后,事故现场有关人员应当立即报告本单位负责人。

单位负责人接到事故报告后,应当迅速采取有效措施,组织抢救,防止事故扩大,减少人员伤亡和财产损失,并按照国家有关规定立即如实报告当地负有安全生产监督管理职责的部门,不得隐瞒不报、谎报或者迟报,不得故意破坏事故现场、毁灭有关证据。

第八十三条　事故调查处理应当按照科学严谨、依法依规、实事求是、注重实效的原则,及时、准确地查清事故原因,查明事故性质和责任,总结事故教训,提出整改措施,并对事故责任者提出处理意见。事故调查报告应当依法及时向社会公布。事故调查和处理的具体办法由国务院制定。

事故发生单位应当及时全面落实整改措施,负有安全生产监督管理职责的部门应当加强监督检查。

第八十四条　生产经营单位发生生产安全事故,经调查确定为责任事故的,除了应当查明事故单位的责任并依法予以追究外，还应当查明对安全生产的有关事项负有审查批准和监督职责的行政部门的责任，对有失职、渎职行为的，依照本法第八十七条的规定追究法律责任。

第八十五条　任何单位和个人不得阻挠和干涉对事故的依法调查处理。

(六)法律责任

第九十条　生产经营单位的决策机构、主要负责人或者个人经营的投资人不依照本法规定保证安全生产所必需的资金投入，致使生产经营单位不具备安全生产条件的，责令限期改正，提供必需的资金；逾期未改正的，责令生产经营单位停产停业整顿。

有前款违法行为，导致发生生产安全事故的，对生产经营单位的主要负责人给予撤职处分，对个人经营的投资人处二万元以上二十万元以下的罚款；构成犯罪的，依照刑法有关规定追究刑事责任。

第九十一条　生产经营单位的主要负责人未履行本法规定的安全生产管理职责的，责令限期改正；逾期未改正的，处二万元以上五万元以下的罚款，责令生产经营单位停产停业整顿。

生产经营单位的主要负责人有前款违法行为，导致发生生产安全事故的，给予撤职处分；构成犯罪的，依照刑法有关规定追究刑事责任。

生产经营单位的主要负责人依照前款规定受刑事处罚或者撤职处分的，自刑罚执行完毕或者受处分之日起，五年内不得担任任何生产经营单位的主要负责人；对重大、特别重大生产安全事故负有责任的，终身不得担任本行业生产经营单位的主要负责人。

第九十二条　生产经营单位的主要负责人未履行本法规定的安全生产管理职责，导致发生生产安全事故的，由安全生产监督管理部门依照下列规定处以罚款：

（1）发生一般事故的，处上一年年收入百分之三十的罚款；

（2）发生较大事故的，处上一年年收入百分之四十的罚款；

（3）发生重大事故的，处上一年年收入百分之六十的罚款；

（4）发生特别重大事故的，处上一年年收入百分之八十的罚款。

第九十三条　生产经营单位的安全生产管理人员未履行本法规定的安全生产管理职责的，责令限期改正；导致发生生产安全事故的，暂停或者撤销其与安全生产有关的资格；构成犯罪的，依照刑法有关规定追究刑事责任。

第九十四条　生产经营单位有下列行为之一的，责令限期改正，可以处五万元以下的罚款；逾期未改正的，责令停产停业整顿，并处五万元以上十万元以下的罚款，对其直接负责的主管人员和其他直接责任人员处一万元以上二万元以下的罚款：

（1）未按照规定设置安全生产管理机构或者配备安全生产管理人员的；

（2）危险物品的生产、经营、储存单位以及矿山、金属冶炼、建筑施工、道路运输单位的主要负责人和安全生产管理人员未按照规定经考核合格的；

（3）未按照规定对从业人员、被派遣劳动者、实习学生进行安全生产教育和培训，或者未按照规定如实告知有关的安全生产事项的；

（4）未如实记录安全生产教育和培训情况的；

（5）未将事故隐患排查治理情况如实记录或者未向从业人员通报的；

（6）未按照规定制定生产安全事故应急救援预案或者未定期组织演练的；

（7）特种作业人员未按照规定经专门的安全作业培训并取得

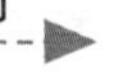

相应资格，上岗作业的。

第九十五条　生产经营单位有下列行为之一的，责令停止建设或者停产停业整顿，限期改正；逾期未改正的，处五十万元以上一百万元以下的罚款，对其直接负责的主管人员和其他直接责任人员处二万元以上五万元以下的罚款；构成犯罪的，依照刑法有关规定追究刑事责任：

（1）未按照规定对矿山、金属冶炼建设项目或者用于生产、储存、装卸危险物品的建设项目进行安全评价的；

（2）矿山、金属冶炼建设项目或者用于生产、储存、装卸危险物品的建设项目没有安全设施设计或者安全设施设计未按照规定报经有关部门审查同意的；

（3）矿山、金属冶炼建设项目或者用于生产、储存、装卸危险物品的建设项目的施工单位未按照批准的安全设施设计施工的；

（4）矿山、金属冶炼建设项目或者用于生产、储存危险物品的建设项目竣工投入生产或者使用前，安全设施未经验收合格的。

第九十六条　生产经营单位有下列行为之一的，责令限期改正，可以处五万元以下的罚款；逾期未改正的，处五万元以上二十万元以下的罚款，对其直接负责的主管人员和其他直接责任人员处一万元以上二万元以下的罚款；情节严重的，责令停产停业整顿；构成犯罪的，依照刑法有关规定追究刑事责任：

（1）未在有较大危险因素的生产经营场所和有关设施、设备上设置明显的安全警示标志的；

（2）安全设备的安装、使用、检测、改造和报废不符合国家标准或者行业标准的；

（3）未对安全设备进行经常性维护、保养和定期检测的；

（4）未为从业人员提供符合国家标准或者行业标准的劳动防护用品的；

（5）危险物品的容器、运输工具，以及涉及人身安全、危险性较大的海洋石油开采特种设备和矿山井下特种设备未经具有专业资质的机构检测、检验合格，取得安全使用证或者安全标志，投入使用的；

(6)使用应当淘汰的危及生产安全的工艺、设备的。

第九十七条　未经依法批准，擅自生产、经营、运输、储存、使用危险物品或者处置废弃危险物品的，依照有关危险物品安全管理的法律、行政法规的规定予以处罚；构成犯罪的，依照刑法有关规定追究刑事责任。

第九十八条　生产经营单位有下列行为之一的，责令限期改正，可以处十万元以下的罚款；逾期未改正的，责令停产停业整顿，并处十万元以上二十万元以下的罚款，对其直接负责的主管人员和其他直接责任人员处二万元以上五万元以下的罚款；构成犯罪的，依照刑法有关规定追究刑事责任：

(1)生产、经营、运输、储存、使用危险物品或者处置废弃危险物品，未建立专门安全管理制度、未采取可靠的安全措施的；

(2)对重大危险源未登记建档，或者未进行评估、监控，或者未制定应急预案的；

(3)进行爆破、吊装以及国务院安全生产监督管理部门会同国务院有关部门规定的其他危险作业，未安排专门人员进行现场安全管理的；

(4)未建立事故隐患排查治理制度的。

第九十九条　生产经营单位未采取措施消除事故隐患的，责令立即消除或者限期消除；生产经营单位拒不执行的，责令停产停业整顿，并处十万元以上五十万元以下的罚款，对其直接负责的主管人员和其他直接责任人员处二万元以上五万元以下的罚款。

第一百条　生产经营单位将生产经营项目、场所、设备发包或者出租给不具备安全生产条件或者相应资质的单位或者个人

的，责令限期改正，没收违法所得；违法所得十万元以上的，并处违法所得二倍以上五倍以下的罚款；没有违法所得或者违法所得不足十万元的，单处或者并处十万元以上二十万元以下的罚款；对其直接负责的主管人员和其他直接责任人员处一万元以上二万元以下的罚款；导致发生生产安全事故给他人造成损害的，与承包方、承租方承担连带赔偿责任。

生产经营单位未与承包单位、承租单位签订专门的安全生产管理协议或者未在承包合同、租赁合同中明确各自的安全生产管理职责，或者未对承包单位、承租单位的安全生产统一协调、管理的，责令限期改正，可以处五万元以下的罚款，对其直接负责的主管人员和其他直接责任人员可以处一万元以下的罚款；逾期未改正的，责令停产停业整顿。

第一百零一条　两个以上生产经营单位在同一作业区域内进行可能危及对方安全生产的生产经营活动，未签订安全生产管理协议或者未指定专职安全生产管理人员进行安全检查与协调的，责令限期改正，可以处五万元以下的罚款，对其直接负责的主管人员和其他直接责任人员可以处一万元以下的罚款；逾期未改正的，责令停产停业。

第一百零二条　生产经营单位有下列行为之一的，责令限期改正，可以处五万元以下的罚款，对其直接负责的主管人员和其他直接责任人员可以处一万元以下的罚款；逾期未改正的，责令停产停业整顿；构成犯罪的，依照刑法有关规定追究刑事责任：

(1)生产、经营、储存、使用危险物品的车间、商店、仓库与员工宿舍在同一座建筑内，或者与员工宿舍的距离不符合安全要求的；

(2)生产经营场所和员工宿舍未设有符合紧急疏散需要、标志明显、保持畅通的出口，或者锁闭、封堵生产经营场所或者员工宿舍出口的。

第一百零三条　生产经营单位与从业人员订立协议，免除或者减轻其对从业人员因生产安全事故伤亡依法应承担的责任的，该协议无效；对生产经营单位的主要负责人、个人经营的投资人处二万元以上十万元以下的罚款。

第一百零四条　生产经营单位的从业人员不服从管理，违反安全生产规章制度或者操作规程的，由生产经营单位给予批评教育，依照有关规章制度给予处分；构成犯罪的，依照刑法有关规定追究刑事责任。

第一百零五条　违反本法规定，生产经营单位拒绝、阻碍负有安全生产监督管理职责的部门依法实施监督检查的，责令改正；拒不改正的，处二万元以上二十万元以下的罚款；对其直接负责的主管人员和其他直接责任人员处一万元以上二万元以下的罚款；构成犯罪的，依照刑法有关规定追究刑事责任。

第一百零六条　生产经营单位的主要负责人在本单位发生生产安全事故时，不立即组织抢救或者在事故调查处理期间擅离职守或者逃匿的，给予降级、撤职的处分，并由安全生产监督管理部门处上一年年收入百分之六十至百分之一百的罚款；对逃匿的处十五日以下拘留；构成犯罪的，依照刑法有关规定追究刑事责任。

生产经营单位的主要负责人对生产安全事故隐瞒不报、谎报或者迟报的，依照前款规定处罚。

第一百零七条　有关地方人民政府、负有安全生产监督管理职责的部门，对生产安全事故隐瞒不报、谎报或者迟报的，对直接负责的主管人员和其他直接责任人员依法给予处分；构成犯罪的，依照刑法有关规定追究刑事责任。

第一百零八条　生产经营单位不具备本法和其他有关法律、行政法规和国家标准或者行业标准规定的安全生产条件，经停产停业整顿仍不具备安全生产条件的，予以关闭；有关部门应当依

法吊销其有关证照。

第一百零九条　发生生产安全事故，对负有责任的生产经营单位除要求其依法承担相应的赔偿等责任外，由安全生产监督管理部门依照下列规定处以罚款：

（1）发生一般事故的，处二十万元以上五十万元以下的罚款。

（2）发生较大事故的，处五十万元以上一百万元以下的罚款。

（3）发生重大事故的，处一百万元以上五百万元以下的罚款。

（4）发生特别重大事故的，处五百万元以上一千万元以下的罚款；情节特别严重的，处一千万元以上二千万元以下的罚款。

第一百一十条　本法规定的行政处罚，由安全生产监督管理部门和其他负有安全生产监督管理职责的部门按照职责分工决定。予以关闭的行政处罚由负有安全生产监督管理职责的部门报请县级以上人民政府按照国务院规定的权限决定；给予拘留的行政处罚由公安机关依照治安管理处罚法的规定决定。

第一百一十一条　生产经营单位发生生产安全事故造成人员伤亡、他人财产损失的，应当依法承担赔偿责任；拒不承担或者其负责人逃匿的，由人民法院依法强制执行。

生产安全事故的责任人未依法承担赔偿责任，经人民法院依法采取执行措施后，仍不能对受害人给予足额赔偿的，应当继续履行赔偿义务；受害人发现责任人有其他财产的，可以随时请求人民法院执行。

二、《中华人民共和国道路交通安全法》

《全国人民代表大会常务委员会关于修改〈中华人民共和国道路交通安全法〉的决定》由中华人民共和国第十一届全国人民代表大会常务委员会第二十次会议于 2011 年 4 月 22 日通过，自

2011 年 5 月 1 日起施行。

《中华人民共和国道路交通安全法》相关内容如下：

(1) 国家对机动车实行登记制度。机动车经公安机关交通管理部门登记后，方可上道路行驶。尚未登记的机动车，需要临时上道路行驶的，应当取得临时通行牌证。

(2) 对登记后上道路行驶的机动车，应当依照法律、行政法规的规定，根据车辆用途、载客载货数量、使用年限等不同情况，定期进行安全技术检验。

(3) 国家实行机动车强制报废制度，根据机动车的安全技术状况和不同用途，规定不同的报废标准。

应当报废的机动车必须及时办理注销登记。

达到报废标准的机动车不得上道路行驶。报废的大型客、货车及其他营运车辆应当在公安机关交通管理部门的监督下解体。

(4) 机动车载人不得超过核定的人数，客运机动车不得违反规定载货。

(5) 机动车行驶时，驾驶员、乘坐人员应当按规定使用安全带，摩托车驾驶员及乘坐人员应当按规定戴安全头盔。

(6) 在道路上发生交通事故，车辆驾驶员应当立即停车，保护现场；造成人身伤亡的，车辆驾驶员应当立即抢救受伤人员，并迅速报告执勤的交通警察或者公安机关交通管理部门。因抢救受伤人员变动现场的，应当标明位置。乘车人、过往车辆驾驶员、过往行人应当予以协助。

在道路上发生交通事故，未造成人身伤亡，当事人对事实及成因无争议的，可以即行撤离现场，恢复交通，自行协商处理损害赔偿事宜；不即行撤离现场的，应当迅速报告执勤的交通警察或者公安机关交通管理部门。

在道路上发生交通事故，仅造成轻微财产损失，并且基本事实清楚的，当事人应当先撤离现场再进行协商处理。

(7)对交通事故损害赔偿的争议,当事人可以请求公安机关交通管理部门调解,也可以直接向人民法院提起民事诉讼。

三、《中华人民共和国突发事件应对法》

《中华人民共和国突发事件应对法》由中华人民共和国第十届全国人民代表大会常务委员会第二十九次会议于 2007 年 8 月 30 日通过,自 2007 年 11 月 1 日起施行。

该法旨在预防和减少突发事件的发生,控制、减轻和消除突发事件引起的严重社会危害,规范突发事件应对活动,保护人民生命财产安全。这部法律对政府和公众对突发事件的方式、原则、责任及义务等,做了具体的规定。

突发事件应对法规定,自然灾害、事故灾难、公共卫生事件发生后,履行统一领导职责的人民政府可以采取多项应急处置措施。

这些处置措施包括:组织营救和救治受害人员,疏散、撤离并妥善安置受到威胁的人员以及采取其他救助措施;迅速控制危险标明危险区域,封锁危险场所,划定警戒区,实行交通管制以及其他控制措施;立即抢修被损坏的交通、通信、供水、排水、供电、供气、供热等公共设施,向受到危害的人员提供避难场所和生活必需品,试试医疗救护和卫生防疫以及其他保障措施;禁止或限制使用有关设备设施,关闭或限制使用有关场所,中止人员密集的活动或者可能导致危害扩大的生产经营活动以及采取其他保护措施;启用本级人民政府设置的财政预备费和储备的应急救援物资,必要时调用其他急需物资、设备、设施、工具;组织公民参加应急救援和处置工作,要求具有特定专长的人员提供服务;保障食品、饮用水、燃料等基本生活必需品的供应。

突发事件应对法规定,任何单位和个人报送、报告突发事件信息，都应能做到及时、客观、真实，不得迟报、谎报、瞒报、漏报。

法律还规定，获悉突发事件信息的公民、法人或其他机构，应当立即向所在地人民政府、有关主管部门或指定的专业机构报告。

四、《中华人民共和国道路运输条例》

《中华人民共和国道路运输条例》经 2004 年 4 月 14 日国务院第 48 次常务会议通过，2004 年 4 月 30 日中华人民共和国国务院令第 406 号公布，自 2004 年 7 月 1 日起施行；经 2012 年 11 月 9 日修正后的《中华人民共和国道路运输条例》自 2013 年 1 月 1 日起施行。

(1)国家鼓励货运经营者实行封闭式运输，保证环境卫生和货物运输安全。

货运经营者应当采取必要措施，防止货物脱落、扬撒等。

运输危险货物应当采取必要措施，防止危险货物燃烧、爆炸、辐射、泄漏等。

(2)运输危险货物应当配备必要的押运人员，保证危险货物处于押运人员的监管之下，并悬挂明显的危险货物运输标志。

托运危险货物的，应当向货运经营者说明危险货物的品名、性质、应急处置方法等情况，并严格按照国家有关规定包装，设置明显标志。

(3)客运经营者、货运经营者应当加强对从业人员的安全教育、职业道德教育，确保道路运输安全。

道路运输从业人员应当遵守道路运输操作规程，不得违章作业。驾驶人员连续驾驶时间不得超过 4h。

(4)生产(改装)客运车辆、货运车辆的企业应当按照国家规定标定车辆的核定人数或者载质量，严禁多标或者少标车辆的核定人数或者载质量。

客运经营者、货运经营者应当使用符合国家规定标准的车辆从事道路运输经营。

(5)客运经营者、货运经营者应当加强对车辆的维护和检测,确保车辆符合国家规定的技术标准;不得使用报废的、擅自改装的和其他不符合国家规定的车辆从事道路运输经营。

(6)客运经营者、货运经营者应当制定有关交通事故、自然灾害以及其他突发事件的道路运输应急预案。应急预案应当包括报告程序、应急指挥、应急车辆和设备的储备以及处置措施等内容。

(7)发生交通事故、自然灾害以及其他突发事件,客运经营者和货运经营者应当服从县级以上人民政府或者有关部门的统一调度、指挥。

(8)道路运输车辆应当随车携带车辆营运证,不得转让、出租。

(9)运输货物的,不得运输旅客,运输的货物应当符合核定的载质量,严禁超载;载物的长、宽、高不得违反装载要求。

(10)道路货物运输站(场)经营者应当按照国务院交通主管部门规定的业务操作规程装卸、储存、保管货物。

(11)违反本条例的规定,危险货物运输经营者未按规定投保承运人责任险的,由县级以上道路运输管理机构责令限期投保;拒不投保的,由原许可机关吊销道路运输经营许可证。

五、《危险化学品安全管理条例》

《危险化学品安全管理条例》于 2002 年 1 月 26 日中华人民共和国国务院令第 344 号公布,2011 年 2 月 16 日经国务院第 144 次常务会议修订通过,根据 2013 年 12 月 7 日《国务院关于修改部分行政法规的决定》修订。

(1)危险化学品道路运输企业、水路运输企业应当配备专职安全管理人员。

(2)危险化学品道路运输企业装卸管理人员、押运人员、申报人员应当经交通运输主管部门考核合格,取得从业资格。具体办法由国务院交通运输主管部门制定。

危险化学品的装卸作业应当遵守安全作业标准、规程和制度,并在装卸管理人员的现场指挥或者监控下进行。

(3)运输危险化学品,应当根据危险化学品的危险特性采取相应的安全防护措施,并配备必要的防护用品和应急救援器材。

用于运输危险化学品的槽罐以及其他容器应当封口严密,能够防止危险化学品在运输过程中因温度、湿度或者压力的变化发生渗漏、洒漏;槽罐以及其他容器的溢流和泄压装置应当设置准确、起闭灵活。

运输危险化学品的驾驶人员、装卸管理人员、押运人员、申报人员、集装箱装箱现场检查员,应当了解所运输的危险化学品的危险特性及其包装物、容器的使用要求和出现危险情况时的应急处置方法。

(4)通过道路运输危险化学品的,托运人应当委托依法取得危险货物道路运输许可的企业承运。

(5)通过道路运输危险化学品的,应当按照运输车辆的核定载质量装载危险化学品,不得超载。

危险化学品运输车辆应当符合国家标准要求的安全技术条件,并按照国家有关规定定期进行安全技术检验。

危险化学品运输车辆应当悬挂或者喷涂符合国家标准要求的警示标志。

(6)通过道路运输危险化学品的,应当配备押运人员,并保证所运输的危险化学品处于押运人员的监控之下。

运输危险化学品途中因住宿或者发生影响正常运输的情况，需要较长时间停车的，驾驶人员、押运人员应当采取相应的安全防范措施；运输剧毒化学品或者易制爆危险化学品的，还应当向当地公安机关报告。

(7)未经公安机关批准，运输危险化学品的车辆不得进入危险化学品运输车辆限制通行的区域。危险化学品运输车辆限制通行的区域由县级人民政府公安机关划定，并设置明显的标志。

(8)剧毒化学品、易制爆危险化学品在道路运输途中丢失、被盗、被抢或者出现流散、泄漏等情况的，驾驶人员、押运人员应当立即采取相应的警示措施和安全措施，并向当地公安机关报告。公安机关接到报告后，应当根据实际情况立即向安全生产监督管理部门、环境保护主管部门、卫生主管部门通报。有关部门应当采取必要的应急处置措施。

(9)托运危险化学品的，托运人应当向承运人说明所托运的危险化学品的种类、数量、危险特性以及发生危险情况的应急处置措施，并按照国家有关规定对所托运的危险化学品妥善包装，在外包装上设置相应的标志。

运输危险化学品需要添加抑制剂或者稳定剂的，托运人应当添加，并将有关情况告知承运人。

(10)托运人不得在托运的普通货物中夹带危险化学品，不得将危险化学品匿报或者谎报为普通货物托运。

任何单位和个人不得交寄危险化学品或者在邮件、快件内夹带危险化学品，不得将危险化学品匿报或者谎报为普通物品交寄。邮政企业、快递企业不得收寄危险化学品。

对涉嫌违反上述规定的，交通运输主管部门、邮政管理部门可以依法开拆查验。

(11)危险化学品单位应当制定本单位危险化学品事故应急预案，配备应急救援人员和必要的应急救援器材、设备，并定期组织应急救援演练。

危险化学品单位应当将其危险化学品事故应急预案报所在地设区的市级人民政府安全生产监督管理部门备案。

(12)发生危险化学品事故,事故单位主要负责人应当立即按照本单位危险化学品应急预案组织救援,并向当地安全生产监督管理部门和环境保护、公安、卫生主管部门报告;道路运输、水路运输过程中发生危险化学品事故的,驾驶人员、船员或者押运人员还应当向事故发生地交通运输主管部门报告。

(13)有下列情形之一的,由安全生产监督管理部门责令改正,可以处5万元以下的罚款;拒不改正的,处5万元以上10万元以下的罚款;情节严重的,责令停产停业整顿:

①危险化学品包装物、容器的材质以及包装的形式、规格、方法和单件质量(重量)与所包装的危险化学品的性质和用途不相适应的。

②危险化学品专用仓库未设专人负责管理,或者对储存的剧毒化学品以及储存数量构成重大危险源的其他危险化学品未实行双人收发、双人保管制度的。

(14)未依法取得危险货物道路运输许可,从事危险化学品道路运输的,分别依照有关道路运输的法律、行政法规的规定处罚。

(15)有下列情形之一的,由交通运输主管部门责令改正,处5万元以上10万元以下的罚款;拒不改正的,责令停产停业整顿;构成犯罪的,依法追究刑事责任:

①危险化学品道路运输企业、水路运输企业的驾驶人员、船员、装卸管理人员、押运人员、申报人员、集装箱装箱现场检查员未取得从业资格上岗作业的。

②运输危险化学品,未根据危险化学品的危险特性采取相应的安全防护措施,或者未配备必要的防护用品和应急救援器材的。

③未按照国家有关规定对所托运的危险化学品妥善包装并在外包装上设置相应标志的。

④运输危险化学品需要添加抑制剂或者稳定剂,托运人未添加或者未将有关情况告知承运人的。

(16)有下列情形之一的,由交通运输主管部门责令改正,处10万元以上20万元以下的罚款,有违法所得的,没收违法所得;拒不改正的,责令停产停业整顿;构成犯罪的,依法追究刑事责任:

①委托未依法取得危险货物道路运输许可的企业承运危险化学品的。

②在托运的普通货物中夹带危险化学品,或者将危险化学品谎报或者匿报为普通货物托运的。

(17)有下列情形之一的,由公安机关责令改正,处5万元以上10万元以下的罚款;构成违反治安管理行为的,依法给予治安管理处罚;构成犯罪的,依法追究刑事责任:

①超过运输车辆的核定载质量装载危险化学品的。

②使用安全技术条件不符合国家标准要求的车辆运输危险化学品的。

③运输危险化学品的车辆未经公安机关批准进入危险化学品运输车辆限制通行的区域的。

④未取得剧毒化学品道路运输通行证,通过道路运输剧毒化学品的。

(18)有下列情形之一的,由公安机关责令改正,处1万元以上5万元以下的罚款;构成违反治安管理行为的,依法给予治安管理处罚:

①危险化学品运输车辆未悬挂或者喷涂警示标志,或者悬挂、喷涂的警示标志不符合国家标准要求的。

②通过道路运输危险化学品,不配备押运人员的。

③运输剧毒化学品或者易制爆危险化学品途中需要较长时间停车，驾驶人员、押运人员不向当地公安机关报告的。

④剧毒化学品、易制爆危险化学品在道路运输途中丢失、被盗、被抢或者发生流散、泄漏等情况，驾驶人员、押运人员不采取必要的警示措施和安全措施，或者不向当地公安机关报告的。

(19)对发生交通事故负有全部责任或者主要责任的危险化学品道路运输企业，由公安机关责令消除安全隐患，未消除安全隐患的危险化学品运输车辆，禁止上道路行驶。

(20)有下列情形之一的，由交通运输主管部门责令改正，可以处1万元以下的罚款；拒不改正的，处1万元以上5万元以下的罚款：

危险化学品道路运输企业未配备专职安全管理人员的。

(21)危险化学品单位发生危险化学品事故，其主要负责人不立即组织救援或者不立即向有关部门报告的，依照《生产安全事故报告和调查处理条例》的规定处罚。

危险化学品单位发生危险化学品事故，造成他人人身伤害或者财产损失的，依法承担赔偿责任。

六、《生产安全事故报告和调查处理条例》

《生产安全事故报告和调查处理条例》于2007年3月28日国务院第172次常务会议通过，自2007年6月1日起施行。

该条例共6章46条，包括总则、事故报告、事故调查、事故处理、法律责任和附则。其相关规定如下：

(1)事故报告应当及时、准确、完整，任何单位和个人对事故不得迟报、漏报、谎报或者瞒报。

事故调查处理应当坚持实事求是、尊重科学的原则，及时、准确地查清事故经过、事故原因和事故损失，查明事故性质，认定事故责

任，总结事故教训，提出整改措施，并对事故责任者依法追究责任。

(2)根据生产安全事故(以下简称事故)造成的人员伤亡或者直接经济损失，事故一般分为以下等级：

①特别重大事故，是指造成30人以上死亡，或者100人以上重伤(包括急性工业中毒，下同)，或者1亿元以上直接经济损失的事故。

②重大事故，是指造成10人以上30人以下死亡，或者50人以上100人以下重伤，或者5000万元以上1亿元以下直接经济损失的事故。

③较大事故，是指造成3人以上10人以下死亡，或者10人以上50人以下重伤，或者1000万元以上5000万元以下直接经济损失的事故。

④一般事故，是指造成3人以下死亡，或者10人以下重伤，或者1000万元以下直接经济损失的事故。

(3)事故发生后，事故现场有关人员应当立即向本单位负责人报告；单位负责人接到报告后，应当于1h内向事故发生地县级以上人民政府安全生产监督管理部门和负有安全生产监督管理职责的有关部门报告。

情况紧急时，事故现场有关人员可以直接向事故发生地县级以上人民政府安全生产监督管理部门和负有安全生产监督管理职责的有关部门报告。

(4)报告事故应当包括下列内容：

①事故发生单位概况。

②事故发生的时间、地点以及事故现场情况。

③事故的简要经过。

④事故已经造成或者可能造成的伤亡人数(包括下落不明的人数)和初步估计的直接经济损失。

⑤已经采取的措施。

⑥其他应当报告的情况。

(5)事故报告后出现新情况的,应当及时补报。

自事故发生之日起 30 日内,事故造成的伤亡人数发生变化的,应当及时补报。道路交通事故、火灾事故自发生之日起 7 日内,事故造成的伤亡人数发生变化的,应当及时补报。

(6)事故发生单位负责人接到事故报告后,应当立即启动事故相应应急预案,或者采取有效措施,组织抢救,防止事故扩大,减少人员伤亡和财产损失。

(7)事故发生后,有关单位和人员应当妥善保护事故现场以及相关证据,任何单位和个人不得破坏事故现场、毁灭相关证据。

因抢救人员、防止事故扩大以及疏通交通等原因,需要移动事故现场物件的,应当做出标志,绘制现场简图并做出书面记录,妥善保存现场重要痕迹、物证。

(8)事故调查组有权向有关单位和个人了解与事故有关的情况,并要求其提供相关文件、资料,有关单位和个人不得拒绝。

事故发生单位的负责人和有关人员在事故调查期间不得擅离职守,并应当随时接受事故调查组的询问,如实提供有关情况。

事故调查中发现涉嫌犯罪的,事故调查组应当及时将有关材料或者其复印件移交司法机关处理。

(9)事故发生单位应当按照负责事故调查的人民政府的批复,对本单位负有事故责任的人员进行处理。

负有事故责任的人员涉嫌犯罪的,依法追究刑事责任。

(10)事故发生单位应当认真吸取事故教训,落实防范和整改措施,防止事故再次发生。防范和整改措施的落实情况应当接受工会和职工的监督。

七、《道路危险货物运输管理规定》

《交通运输部关于修改〈道路危险货物运输管理规定〉的决

定》于2016年4月7日经第7次交通运输部部务会议通过，自2016年4月11日起施行。

（1）有符合下列要求的专用车辆、设备及停车场地：

①配备有效的通信工具。

②专用车辆应当安装具有行驶记录功能的卫星定位装置。

③运输剧毒化学品、爆炸品、易制爆危险化学品的，应当配备罐式、厢式专用车辆或者压力容器等专用容器。

④配备与运输的危险货物性质相适应的安全防护、环境保护和消防设施设备。

⑤停车场地应当封闭并设立明显标志，不得妨碍居民生活和威胁公共安全。

（2）有符合下列要求的从业人员和安全管理人员：

①专用车辆的驾驶人员取得相应机动车驾驶证，年龄不超过60周岁。

②从事道路危险货物运输的驾驶人员、装卸管理人员、押运人员应当经所在地设区的市级人民政府交通运输主管部门考试合格，并取得相应的从业资格证；从事剧毒化学品、爆炸品道路运输的驾驶人员、装卸管理人员、押运人员，应当经考试合格，取得注明为“剧毒化学品运输”或者“爆炸品运输”类别的从业资格证。

③企业应当配备专职安全管理人员。

（3）有健全的安全生产管理制度：

①企业主要负责人、安全管理部门负责人、专职安全管理人员安全生产责任制度。

②从业人员安全生产责任制度。

③安全生产监督检查制度。

④安全生产教育培训制度。

⑤从业人员、专用车辆、设备及停车场地安全管理制度。

⑥应急救援预案制度。

⑦安全生产作业规程。

⑧安全生产考核与奖惩制度。

⑨安全事故报告、统计与处理制度。

(4)道路危险货物运输企业或者单位应当按照《道路运输车辆技术管理规定》中有关车辆管理的规定,维护、检测、使用和管理专用车辆,确保专用车辆技术状况良好。

(5)道路危险货物运输企业或者单位对重复使用的危险货物包装物、容器,在重复使用前应当进行检查;发现存在安全隐患的,应当维修或者更换。

道路危险货物运输企业或者单位应当对检查情况作出记录,记录的保存期限不得少于2年。

(6)道路危险货物运输企业或者单位应当到具有污染物处理能力的机构对常压罐体进行清洗(置换)作业,将废气、污水等污染物集中收集,消除污染,不得随意排放,污染环境。

(7)道路危险货物运输企业或者单位应当严格按照道路运输管理机构决定的许可事项从事道路危险货物运输活动,不得转让、出租道路危险货物运输许可证件。

严禁非经营性道路危险货物运输单位从事道路危险货物运输经营活动。

(8)危险货物托运人应当委托具有道路危险货物运输资质的企业承运。

危险货物托运人应当对托运的危险货物种类、数量和承运人等相关信息予以记录,记录的保存期限不得少于1年。

(9)危险货物托运人应当严格按照国家有关规定妥善包装并在外包装设置标志,并向承运人说明危险货物的品名、数量、危害、应急措施等情况。需要添加抑制剂或者稳定剂的,托运人应当按照规定添加,并告知承运人相关注意事项。

危险货物托运人托运危险化学品的，还应当提交与托运的危险化学品完全一致的安全技术说明书和安全标签。

(10)不得使用罐式专用车辆或者运输有毒、感染性、腐蚀性危险货物的专用车辆运输普通货物。

其他专用车辆可以从事食品、生活用品、药品、医疗器具以外的普通货物运输，但应当由运输企业对专用车辆进行消除危害处理，确保不对普通货物造成污染、损害。

不得将危险货物与普通货物混装运输。

(11)专用车辆应当按照国家标准《道路运输危险货物车辆标志》(GB 13392)的要求悬挂标志。

(12)运输剧毒化学品、爆炸品的企业或者单位，应当配备专用停车区域，并设立明显的警示标牌。

(13)专用车辆应当配备符合有关国家标准以及与所载运的危险货物相适应的应急处理器材和安全防护设备。

(14)道路危险货物运输企业或者单位不得运输法律、行政法规禁止运输的货物。

法律、行政法规规定的限运、凭证运输货物，道路危险货物运输企业或者单位应当按照有关规定办理相关运输手续。

法律、行政法规规定托运人必须办理有关手续后方可运输的危险货物，道路危险货物运输企业应当查验有关手续齐全有效后方可承运。

(15)道路危险货物运输企业或者单位应当采取必要措施，防止危险货物脱落、扬撒、丢失以及燃烧、爆炸、泄漏等。

(16)在道路危险货物运输过程中，除驾驶人员外，还应当在专用车辆上配备押运人员，确保危险货物处于押运人员监管之下。

(17)道路危险货物运输途中，驾驶人员不得随意停车。

因住宿或者发生影响正常运输的情况需要较长时间停车的，

驾驶人员、押运人员应当设置警戒带,并采取相应的安全防范措施。

运输剧毒化学品或者易制爆危险化学品需要较长时间停车的,驾驶人员或者押运人员应当向当地公安机关报告。

(18)危险货物的装卸作业应当遵守安全作业标准、规程和制度,并在装卸管理人员的现场指挥或者监控下进行。

危险货物运输托运人和承运人应当按照合同约定指派装卸管理人员;若合同未予约定,则由负责装卸作业的一方指派装卸管理人员。

(19)驾驶人员、装卸管理人员和押运人员上岗时应当随身携带从业资格证。

(20)道路危险货物运输企业或者单位应当要求驾驶人员和押运人员在运输危险货物时,严格遵守有关部门关于危险货物运输线路、时间、速度方面的有关规定,并遵守有关部门关于剧毒、爆炸危险品道路运输车辆在重大节假日通行高速公路的相关规定。

(21)道路危险货物运输企业或者单位应当通过岗前培训、例会、定期学习等方式,对从业人员进行经常性安全生产、职业道德、业务知识和操作规程的教育培训。

(22)道路危险货物运输企业或者单位应当加强安全生产管理,制定突发事件应急预案,配备应急救援人员和必要的应急救援器材、设备,并定期组织应急救援演练,严格落实各项安全制度。

(23)道路危险货物运输企业或者单位应当委托具备资质条件的机构,对本企业或单位的安全管理情况每 3 年至少进行一次安全评估,出具安全评估报告。

(24)在危险货物运输过程中发生燃烧、爆炸、污染、中毒或者被盗、丢失、流散、泄漏等事故,驾驶人员、押运人员应当立即根据应急预案和《道路运输危险货物安全卡》的要求采取应急处置措施，并向事故发生地公安部门、交通运输主管部门和本运输企业或者单位报告。运输企业或者单位接到事故报告后，应当按照本单位危险货物应急预案组织救援，并向事故发生地安全生产监督管理部门和环境保护、卫生主管部门报告。

道路危险货物运输管理机构应当公布事故报告电话。

(25)在危险货物装卸过程中，应当根据危险货物的性质，轻装轻卸，堆码整齐，防止混杂、撒漏、破损，不得与普通货物混合堆放。

(26)道路危险货物运输企业或者单位应当为其承运的危险货物投保承运人责任险。

(27)道路危险货物运输企业异地经营(运输线路起讫点均不在企业注册地市域内)累计3个月以上的，应当向经营地设区的市级道路运输管理机构备案并接受其监管。

(28)违反本规定，道路危险货物运输企业或者单位以及托运人有下列情形之一的，由县级以上道路运输管理机构责令改正，并处5万元以上10万元以下的罚款，拒不改正的，责令停产停业整顿；构成犯罪的，依法追究刑事责任：

①驾驶人员、装卸管理人员、押运人员未取得从业资格上岗作业的。

②托运人不向承运人说明所托运的危险化学品的种类、数量、危险特性以及发生危险情况的应急处置措施，或者未按照国家有关规定对所托运的危险化学品妥善包装并在外包装上设置相应标志的。

③未根据危险化学品的危险特性采取相应的安全防护措施，或者未配备必要的防护用品和应急救援器材的。

④运输危险化学品需要添加抑制剂或者稳定剂，托运人未添加或者未将有关情况告知承运人的。

(29)违反本规定,道路危险货物运输企业或者单位未配备专职安全管理人员的,由县级以上道路运输管理机构责令改正,可以处1万元以下的罚款;拒不改正的,对危险化学品运输企业或单位处1万元以上5万元以下的罚款,对运输危险化学品以外其他危险货物的企业或单位处1万元以上2万元以下的罚款。

八、《道路运输从业人员管理规定》

《道路运输从业人员管理规定》于2006年9月5日经第11次部务会议通过,自2007年3月1日起施行。

(1)道路危险货物运输驾驶员应当符合下列条件:

①取得相应的机动车驾驶证。

②年龄不超过60周岁。

③3年内无重大以上交通责任事故。

④取得经营性道路旅客运输或者货物运输驾驶员从业资格2年以上。

⑤接受相关法规、安全知识、专业技术、职业卫生防护和应急救援知识的培训,了解危险货物性质、危害特征、包装容器的使用特性和发生意外时的应急措施。

⑥经考试合格,取得相应的从业资格证件。

(2)道路危险货物运输装卸管理人员和押运人员应当符合下列条件:

①年龄不超过60周岁。

②初中以上学历。

③接受相关法规、安全知识、专业技术、职业卫生防护和应急救援知识的培训,了解危险货物性质、危害特征、包装容器的使用特性和发生意外时的应急措施。

④经考试合格，取得相应的从业资格证件。

(3)道路运输从业人员从业资格考试成绩有效期为1年，考试成绩逾期作废。

(4)经营性道路客货运输驾驶员以及道路危险货物运输从业人员应当在从业资格证件许可的范围内从事道路运输活动。道路危险货物运输驾驶员除可以驾驶道路危险货物运输车辆外，还可以驾驶原从业资格证件许可的道路旅客运输车辆或者道路货物运输车辆。

(5)道路运输从业人员在从事道路运输活动时，应当携带相应的从业资格证件，并应当遵守国家相关法规和道路运输安全操作规程，不得违法经营、违章作业。

(6)道路运输从业人员应当按照规定参加国家相关法规、职业道德及业务知识培训。

(7)道路危险货物运输驾驶员不得超限、超载运输，连续驾驶时间不得超过4h。

(8)道路危险货物运输驾驶员应当按照规定填写行车日志。行车日志式样由省级道路运输管理机构统一制定。

(9)经营性道路货物运输驾驶员应当采取必要措施防止货物脱落、扬撒等。严禁驾驶道路货物运输车辆从事经营性道路旅客运输活动。

(10)道路危险货物运输驾驶员应当按照道路交通安全主管部门指定的行车时间和路线运输危险货物。

道路危险货物运输装卸管理人员应当按照安全作业规程对道路危险货物装卸作业进行现场监督，确保装卸安全。

道路危险货物运输押运人员应当对道路危险货物运输进行全程监管。

道路危险货物运输从业人员应当严格按照《汽车运输危险货物规则》(JT 617)、《汽车运输、装卸危险货物作业规程》(JT 618)

操作,不得违章作业。

(11)在道路危险货物运输过程中发生燃烧、爆炸、污染、中毒或者被盗、丢失、流散、泄漏等事故,道路危险货物运输驾驶员、押运人员应当立即向当地公安部门和所在运输企业或者单位报告,说明事故情况、危险货物品名和特性,并采取一切可能的警示措施和应急措施,积极配合有关部门进行处置。

(12)违反本规定,有下列行为之一的人员,由县级以上道路运输管理机构责令改正,处200元以上2000元以下的罚款;构成犯罪的,依法追究刑事责任:

①未取得相应从业资格证件,驾驶道路客货运输车辆的。

②使用失效、伪造、变造的从业资格证件,驾驶道路客货运输车辆的。

③超越从业资格证件核定范围,驾驶道路客货运输车辆的。

(13)违反本规定,有下列行为之一的人员,由设区的市级人民政府交通主管部门处2万元以上10万元以下的罚款;构成犯罪的,依法追究刑事责任:

①未取得相应从业资格证件,从事道路危险货物运输活动的。

②使用失效、伪造、变造的从业资格证件,从事道路危险货物运输活动的。

③超越从业资格证件核定范围,从事道路危险货物运输活动的。

(14)道路运输从业人员有下列不具备安全条件情形之一的,由发证机关吊销其从业资格证件:

①经营性道路危险货物运输从业人员身体健康状况不符合有关机动车驾驶和相关从业要求且没有主动申请注销从业资格的。

②道路危险货物运输驾驶员发生重大以上交通事故，且负主要责任的。

③发现重大事故隐患，不立即采取消除措施，继续作业的。被吊销的从业资格证件应当由发证机关公告作废并登记归档。

第二章　生产经营单位安全生产主体责任

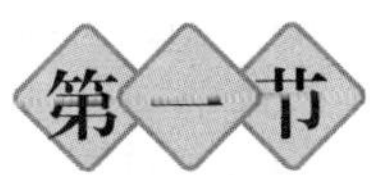

安全生产主体责任概述

生产经营单位是生产经营活动的主体,也是安全生产工作责任的直接承担主体。《中华人民共和国安全生产法》第三条规定:安全生产工作应当以人为本,坚持安全发展,坚持安全第一、预防为主、综合治理的方针,强化和落实生产经营单位的主体责任,建立生产经营单位负责、职工参与、政府监管、行业自律和社会监督的机制。生产经营单位的主体责任是指生产经营单位依照法律、法规规定,应当履行的安全生产法定职责和义务。

(1)依法建立安全生产管理机构。

(2)建立健全安全生产责任制和各项管理制度。

(3)持续具备法律、法规、规章、国家标准和行业标准规定的安全生产条件。

(4)确保资金投入满足安全生产条件需要。

(5)依法组织从业人员参加安全生产教育和培训。

(6)如实告知从业人员作业场所和工作岗位存在的危险、危害因素、防范措施和事故应急措施,教育职工自觉承担安全生产义务。

(7)为从业人员提供符合国家标准或行业标准的劳动防护用品,并监督教育从业人员按照规定佩戴使用。

(8)对重大危险源实施有效的检测、监控。

(9)预防和减少作业场所职业危害。

(10)安全设施、设备(包括特种设备)符合安全管理的有关要求,按规定定期检测检验。

(11)依法制定生产安全事故应急救援预案,落实操作岗位应急措施。

(12)及时发现、治理和消除本单位安全事故隐患。

(13)积极采取先进的安全生产技术、设备和工艺,提高安全生产科技保障水平;确保所使用的工艺装备及相关劳动工具符合安全生产要求。

(14)保证新建、改建、扩建工程项目依法实施安全设施"三同时"。

(15)统一协调管理承包、承租单位的安全生产工作。

(16)依法参加工伤保险,为从业人员缴纳保险费。

(17)按要求上报生产安全事故,做好事故抢险救援,妥善处理对事故伤亡人员依法赔偿等事故善后工作。

(18)法律、法规规定的其他安全生产责任。

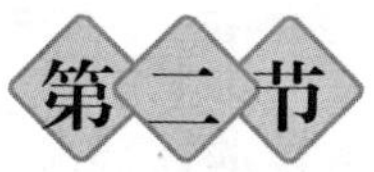

第二节 主要负责人的安全职责和法律责任

一、主要负责人的安全职责

《中华人民共和国安全生产法》第十八条规定,生产经营单位的主要负责人对本单位安全生产工作负有下列职责:

(1)建立、健全本单位安全生产责任制。

(2)组织制定本单位安全生产规章制度和操作规程。

(3)组织制定并实施本单位安全生产教育和培训计划。

(4)保证本单位安全生产投入的有效实施。

(5)督促、检查本单位的安全生产工作,及时消除生产安全事故隐患。

(6)组织制定并实施本单位的生产安全事故应急救援预案。

(7)及时、如实报告生产安全事故。

二、主要负责人的法律责任

(1)生产经营单位不依法投入安全生产费用的法律责任。

生产经营单位不依照规定保证安全生产所必需的资金投入,从而导致生产经营单位不具备安全生产条件,对于有违法行为的,首先应由负责安全管理监督管理的部门责令其在规定的期限内纠正违法行为,提供生产经营单位应当具备的安全生产条件所必需的资金。

如果违法行为人在规定的期限内仍未改正的,责令生产经营单位停产停业整顿。责令停产停业,是指行政执法机关对违反行政管理秩序的企业事业单位,依法在一定期限内暂停其从事有关生产经营活动的行政处罚。

导致发生生产安全事故的,对生产经营单位的主要负责人给予其撤职处分,对个人经营的投资人处 2 万元以上 20 万元以下的罚款。

(2)生产经营单位主要负责人不履行安全生产管理职责的法律责任。

生产经营单位主要负责人不履行安全生产管理职责的,行政执法机关责其在规定期限内,依照规定履行其应尽的安全生产管理职责。在规定的期限内,生产经营单位的主要负责人仍然未按规定纠正违法行为,履行其职责的,对其处 2 万元以上 5 万元以下的罚款。

生产经营单位主要负责人未履行安全生产管理职责，导致发生生产安全事故的，给予其撤职处分。构成犯罪的，依照《刑法》有关规定追究刑事责任。

生产经营单位主要负责人依照规定受刑事处罚或者撤职处分的，自刑罚执行完毕或者受处分之日起，5 年内不得担任任何生产经营单位的主要负责人。对重大、特别重大生产安全事故负有责任的，终身不得担任本行业生产经营单位的主要负责人。

（3）对生产经营单位主要负责人不立即组织抢救、擅离职守或者逃匿的处罚。

①予以降级、撤职的处分。具体给予降级还是撤职处分，则根据行为人的违法情节进一步确定，同时对该主要负责人处其上一年收入 60% ~110% 的罚款。

②对于发生事故后逃匿的，由公安机关依照治安管理处罚法规定的程序处 15 日以下拘留。

③构成犯罪的，依照《刑法》有关规定追究刑事责任。

安全生产管理人员应依法履行安全生产管理职责，生产经营单位也要为安全生产管理人员依法履行职责提供便利，同事也要督促其依法履行职责。安全生产管理人员未依法履行安全生产管理职责的，有关部门应当责令其限期改正。

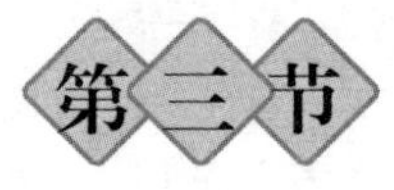

安全生产管理人员的安全职责和法律责任

一、安全生产管理人员的安全职责

《中华人民共和国安全生产法》第二十二条规定，生产经营单位的安全生产管理机构以及安全生产管理人员履行下列职责：

(1)组织或者参与拟订本单位安全生产规章制度、操作规程和生产安全事故应急救援预案。

(2)组织或者参与本单位安全生产教育和培训，如实记录安全生产教育和培训情况。

(3)督促落实本单位重大危险源的安全管理措施。

(4)组织或者参与本单位应急救援演练。

(5)检查本单位的安全生产状况，及时排查生产安全事故隐患，提出改进安全生产管理的建议。

(6)制止和纠正违章指挥、强令冒险作业、违反操作规程的行为。

(7)督促落实本单位安全生产整改措施。

二、安全生产管理人员的法律责任

《中华人民共和国安全生产法》第二十三条规定，生产经营单位的安全生产管理机构以及安全生产管理人员应当恪尽职守，依法履行职责。

安全生产管理人员未履行本法规规定的安全生产管理职责而导致发生安全生产事故的，暂停或撤销其与安全生产有关的资格。生产经营单位可以依法暂停该安全管理人员负责安全管理工作，也可以依法对其进行撤换。安全生产管理人员构成犯罪的，依照《刑法》有关规定追究刑事责任。

第三章　企业安全生产管理基础

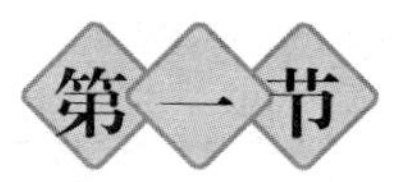

第一节　安全生产目标管理

一、安全生产目标的分类

安全生产目标可分为：安全生产远景目标、安全生产中长期目标和安全生产年度目标。

二、安全生产目标的构成

(1)行车事故指标包括：行车责任事故率、行车责任死亡率、行车责任受伤率、直接经济损失率等。

(2)管理职能指标包括：隐患排查治理完成率、设备车辆维护完好率、从业人员培训教育情况、安全投入情况等。

三、制定安全生产目标的原则

(1)贯彻国家安全生产法律法规、方针政策，坚持以人为本、安全发展的原则。

(2)不低于当地主管机关或有关上级、安全生产监管部门对安全生产控制指标的要求。

(3)紧密结合企业的性质、生产经营规模、发展规划,以及安全生产风险情况。

(4)紧密结合企业的安全生产管理状况。

四、安全生产目标的评价与考核

企业要定期对安全生产目标的完成情况进行评价和考核,从中发现管理运行中存在的缺陷和问题,做到持续改进、良性发展。

❶ 评价内容

评价内容主要包括两个方面:一是对各层次目标执行情况进行评价,从中发现管理的薄弱环节和问题,加强基层和基础管理;二是对目标结果进行评价,分析目标制定的合理性和目标管理方法的优劣等。

❷ 目标考核

目标考核按考核对象分为部门考核和个人考核,根据部门和个人应完成的目标项目,完成目标的数量、质量和时限来考核其目标完成情况。根据考核情况对部门和个人进行奖惩。

另外,目标考核按考核时间分为季度性考核和年度性考核等阶段性考核,通过不同时间段的考核来掌握安全目标的完成情况。

第二节 安全管理机构和人员

《中华人民共和国安全生产法》第二十一条规定,矿山、金属冶炼、建筑施工、道路运输单位和危险物品的生产、经营、储存单位,应当设置安全生产管理机构或者配备专职安全生产管理人员。

安全管理机构是指企业内部设立的专业负责安全生产管理

事务的独立部门。

专职安全管理人员是指企业中专门负责安全生产管理，不再兼做其他工作的人员。矿山、金属冶炼、建筑施工、道路运输单位和危险物品的生产、经营、储存单位是危险性比较大的单位，因此，必须成立专门从事安全生产管理工作的机构，或者配备专职的人员从事安全生产管理工作。

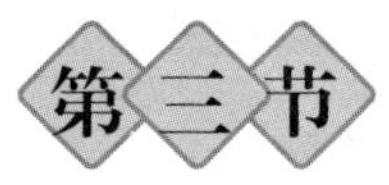

第三节 安全管理规章制度

一、安全生产规章制度体系的建立

安全生产规章制度体系如图 3-1 ~ 图 3-5 所示。

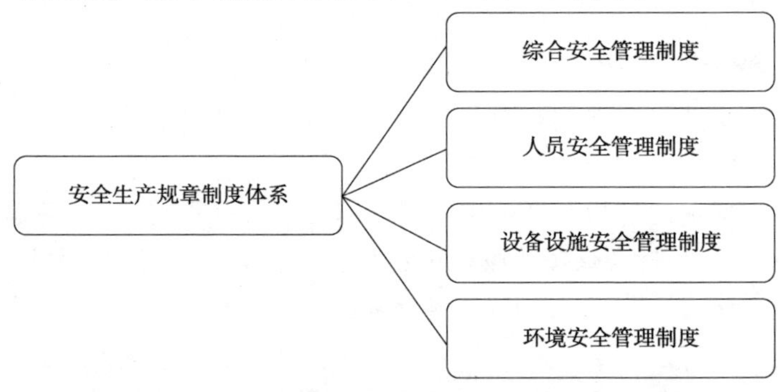

图 3-1 安全生产规章制度体系

二、安全生产规章制度的管理

❶ 起草

由负责安全生产管理部门或相关职能部门负责起草。规章制度的编制应做到目的明确、条理清楚、结构严谨、用词准确、文字简明、标点符号正确。

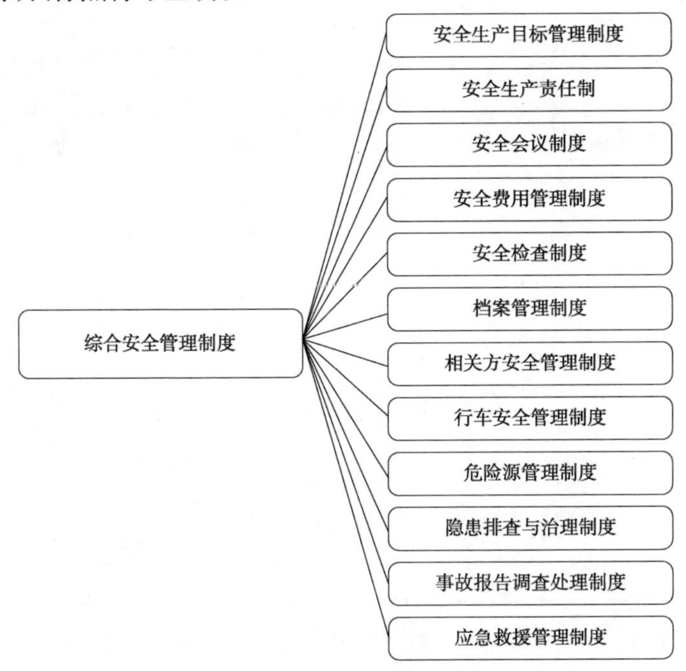

图 3-2　综合安全管理制度

❷ 征求意见

起草的规章制度应通过正式渠道获得相关职能部门或员工的意见和建议，以利于规章制度的颁布和贯彻落实。

❸ 审核

制度签发前，应进行审核。一是由生产经营单位负责法律事务的部门进行合规性审查；二是专业技术性较强的规章制度应邀请相关专家进行审核；三是安全奖惩等涉及全员性的制度，应经过职工代表大会或职工代表进行审核。

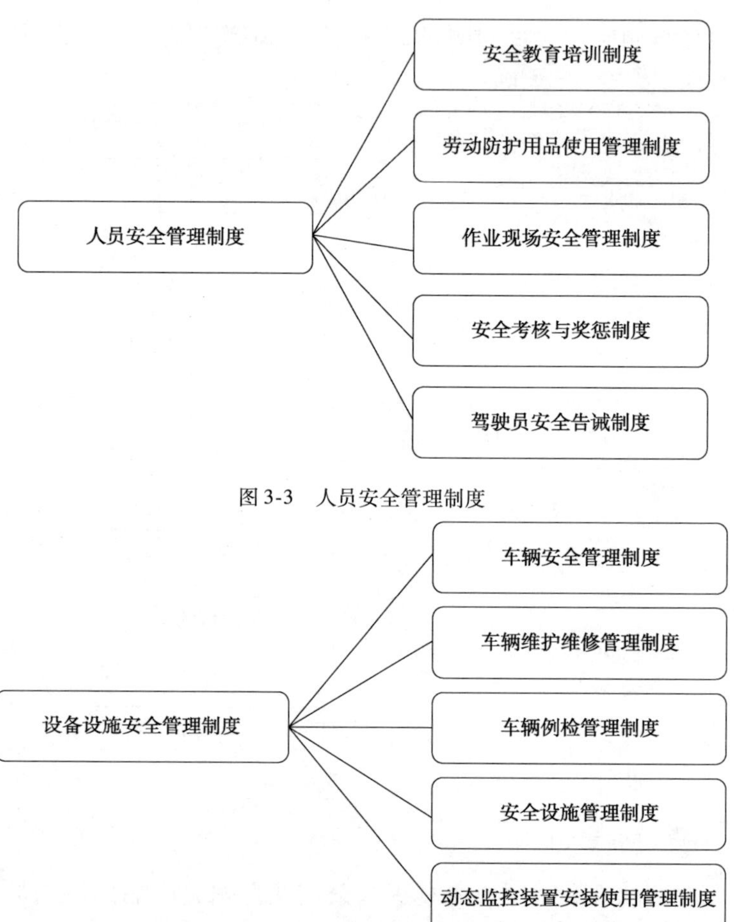

图3-3　人员安全管理制度

图3-4　设备设施安全管理制度

❹ 签发

技术规程、安全操作规程等技术性较强的安全生产规章制度，一般由生产经营单位主管生产的领导或总工程师签发，涉及全局性的综合管理制度应由生产经营单位的主要负责人签发。

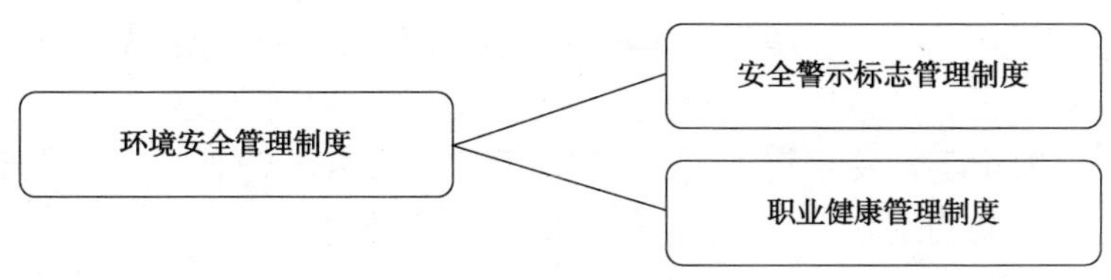

图 3-5 环境安全管理制

❺ 发布

安全生产规章制度应采用固定的方式进行发布。发布的范围应涵盖应执行的部门、人员。有特殊的制度还应正式送达相关人员,并由接收人员签字。

❻ 培训

新发布的安全生产管理制度、修订的安全生产规章制度,应组织进行培训,并进行考核。

❼ 反馈

应定期检查安全生产规章制度执行中存在的问题,或建立信息反馈渠道,及时掌握安全生产规章制度的执行效果。

❽ 持续改进

企业应每年对安全生产规章制度进行审查和修订,确保规章制度的有效实施。

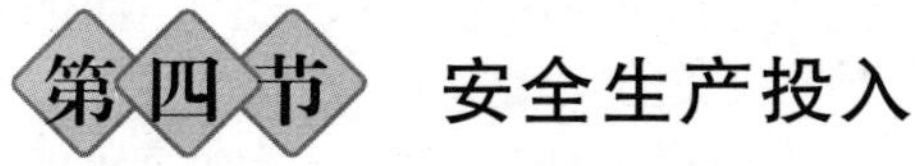

第四节 安全生产投入

《中华人民共和国安全生产法》第二十条规定,生产经营单位应当具备的安全生产条件所必需的资金投入,由生产经营单位的决策机构、主要负责人或者个人经营的投资人予以保证,并对由于安全生产所必需的资金投入不足导致的后果承担责任。有关生产经营单位应当按照规定提取和使用安全生产费用，专门用于改善安全生产条件。安全生产费用在成本中据实列支。

安全生产费用提取、使用和监督管理依据《企业安全生产费用提取和使用管理办法》(财企〔2012〕16 号)执行。

一、安全生产费用的提取

交通运输企业以上年度实际营业收入为计提依据，按照以下标准平均逐月提取：

(1)普通货运业务按照 1% 提取。

(2)客运业务、管道运输、危险品等特殊货运业务按照 1.5% 提取。

企业在上述标准的基础上，根据安全生产实际需要，可适当提高安全费用提取标准。

新建企业和投产不足一年的企业以当年实际营业收入为提取依据，按月计提安全费用。

二、安全费用使用范围

交通运输企业安全费用应当按照以下范围使用：

(1)完善、改造和维护安全防护设施设备支出(不含“三同时”要求初期投入的安全设施)，包括道路、水路、铁路、管道运输设施设备和装卸工具安全状况检测及维护系统、运输设施设备和装卸工具附属安全设备等支出。

(2)购置、安装和使用具有行驶记录功能的车辆卫星定位装置、船舶通信导航定位和自动识别系统、电子海图等支出。

(3)配备、维护应急救援器材、设备支出和应急演练支出。

(4)开展重大危险源和事故隐患评估、监控和整改支出。

(5)安全生产检查、评价(不包括新建、改建、扩建项目安全评价)、咨询和标准化建设支出。

(6)配备和更新现场作业人员安全防护用品支出。

(7)安全生产宣传、教育、培训支出。

(8)安全生产适用的新技术、新标准、新工艺、新装备的推广应用支出。

(9)安全设施及特种设备检测检验支出。

(10)其他与安全生产直接相关的支出。

三、安全费用的管理

企业提取的安全费用应当专户核算,按规定范围安排使用,不得挤占、挪用。年度结余资金结转下年度使用,当年计提安全费用不足的,超出部分按正常成本费用渠道列支。

企业应当建立健全内部安全费用管理制度,明确安全费用提取和使用的程序、职责及权限,按规定提取和使用安全费用。

企业应当加强安全费用管理,编制年度安全费用提取和使用计划,纳入企业财务预算。企业年度安全费用使用计划和上一年安全费用的提取、使用情况按照管理权限报同级财政部门及行业主管部门备案。

企业提取的安全费用属于企业自提自用资金,其他单位和部门不得采取收取、代管等形式对其进行集中管理和使用,国家法律、法规另有规定的除外。

第五节　安全教育培训

一、主要负责人和安全管理人员安全教育培训

道路运输单位的主要负责人和安全生产管理人员必须具备

与本单位所从事的生产经营活动相应的安全生产知识和管理能力。

道路运输单位的主要负责人和安全生产管理人员,应当由主管的负有安全生产监督管理职责的部门对其安全生产知识和管理能力考核合格,取得安全资格证书后方可任职。

(1)生产经营单位主要负责人培训内容:

①国家安全生产方针、政策和有关安全生产的法律、法规、规章及标准。

②安全生产管理基本知识、安全生产技术、安全生产专业知识。

③重大危险源管理、重大事故防范、应急管理和救援组织以及事故调查处理的有关规定。

④职业危害及其预防措施。

⑤国内外先进的安全生产管理经验。

⑥典型事故和应急救援案例分析。

⑦其他需要培训的内容。

(2)安全管理人员安全培训内容:

①国家安全生产方针、政策和有关安全生产的法律、法规、规章及标准。

②安全生产管理、安全生产技术、职业卫生等知识。

③伤亡事故统计、报告及职业危害的调查处理方法。

④应急管理、应急预案编制以及应急处置的内容和要求。

⑤国内外先进的安全生产管理经验。

⑥典型事故和应急救援案例分析。

⑦其他需要培训的内容。

(3)培训学时。主要负责人和安全生产管理人员初次安全培训时间不得少于32学时。每年参加脱产再培训时间不得少于24学时。

二、从业人员安全培训

道路运输单位应当对从业人员进行安全生产教育和培训，保证从业人员具备必要的安全生产知识，熟悉有关的安全生产规章制度和安全操作规程，掌握本岗位的安全操作技能，了解事故应急处理措施，知悉自身在安全生产方面的权利和义务。未经安全生产教育和培训合格的从业人员，不得上岗作业。

生产经营单位使用被派遣劳动者的，应当将被派遣劳动者纳入本单位从业人员统一管理，对被派遣劳动者进行岗位安全操作规程和安全操作技能的教育和培训。劳务派遣单位应当对被派遣劳动者进行必要的安全生产教育和培训。

生产经营单位接收中等职业学校、高等学校学生实习的，应当对实习学生进行相应的安全生产教育和培训，提供必要的劳动防护用品。学校应当协助生产经营单位对实习学生进行安全生产教育和培训。

生产经营单位应当建立安全生产教育和培训档案，如实记录安全生产教育和培训的时间、内容、参加人员以及考核结果等情况。

❶ 岗前培训

危货车辆驾驶员岗前培训内容：国家道路交通安全和安全生产相关法律法规、安全行车知识、典型交通事故案例警示教育、职业道德、安全告知知识、应急处置知识、企业有关安全运营管理的规定等。

危货车辆驾驶员岗前培训学时要求：普通从业人员，岗前培训时间不得少于24学时。

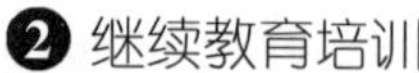

❷ 继续教育培训

道路危货运输企业应当建立危货车辆驾驶员安全教育、培训及考核制度。定期对危货车辆驾驶员开展法律法规、典型交通事故案例警示、技能训练、应急处置等教育培训。危货车辆驾驶员应当每月接受不少于2次,每次不少于1h的教育培训。道路危货运输企业应当组织和督促本企业的危货车辆驾驶员参加继续教育,保证危货车辆驾驶员参加教育和培训的时间,提供必要的学习条件。

道路危货运输企业应在危货车辆驾驶员接受教育与培训后,对危货车辆驾驶员教育与培训的效果进行考核。危货车辆驾驶员教育与培训考核的有关资料应纳入危货车辆驾驶员教育与培训档案。危货车辆驾驶员教育与培训档案的内容应包括:教育或培训的内容、培训时间、培训地点、授课人、参加培训人员的签名、考核人员、安全管理人员的签名、培训考试情况等。档案保存期限不少于3年。

❸ 转岗或复岗培训

从业人员在本单位调整工作岗位或离岗一年重新上岗,应重新进行岗前安全培训教育,并经考试合格后方可上岗作业。

三、特种作业人员培训

特种作业人员必须按照国家有关规定经专门的安全作业培训,取得特种作业操作证后,方可上岗作业。

特种作业操作证有效期为6年,在全国范围内有效。特种作业操作证每3年复审一次。特种作业操作证申请复审或者延期复审前,特种作业人员应当参加必要的安全培训并考试合格。安全培训时间不少于8学时。

第六节　驾驶员管理

一、驾驶员的聘用

道路危险货物运输企业应当建立危货车辆驾驶员聘用制度。依照《中华人民共和国劳动合同法》,严格危货车辆驾驶员录用条件,统一录用程序,对危货车辆驾驶员进行面试,审核危货车辆驾驶员安全行车经历和从业资格条件,积极实施驾驶适宜性检测,明确新录用危货车辆驾驶员的试用期。危货车辆驾驶员的录用应当经过企业安全生产管理部门的审核,并录入企业动态监控平台(或监控端)。

对3年内发生道路交通事故致人死亡且负同等以上责任的,交通违法记分有满分记录的,以及有酒后驾驶、超员20%、超速50%或12个月内有3次以上超速违法记录的驾驶员,道路危货运输企业不得聘用其驾驶客运车辆。

(1)道路危险货物运输驾驶员应当符合下列条件:

①取得相应的机动车驾驶证。

②年龄不超过60周岁。

③3年内无重大以上交通责任事故。

④取得经营性道路旅客运输或者货物运输驾驶员从业资格2年以上。

⑤接受相关法规、安全知识、专业技术、职业卫生防护和应急救援知识的培训,了解危险货物性质、危害特征、包装容器的使用特性和发生意外时的应急措施。

⑥经考试合格,取得相应的从业资格证件。

(2)道路危险货物运输装卸管理人员和押运人员应当符合下

列条件：

①年龄不超过60周岁。

②初中以上学历。

③接受相关法规、安全知识、专业技术、职业卫生防护和应急救援知识的培训，了解危险货物性质、危害特征、包装容器的使用特性和发生意外时的应急措施。

④经考试合格，取得相应的从业资格证件。

二、驾驶员管理

（1）道路危险货物运输企业应当建立危货车辆驾驶员从业行为定期考核制度。危货车辆驾驶员从业行为定期考核的内容主要包括：危货车辆驾驶员违法驾驶情况、交通事故情况、服务质量、安全运营情况、安全操作规程执行情况、参加教育与培训情况以及危货车辆驾驶员心理和生理健康状况等。考核的周期不大于3个月。危货车辆驾驶员从业行为定期考核的结果应与企业安全生产奖惩制度挂钩。

（2）道路危险货物运输企业应当建立危货车辆驾驶员信息档案管理制度。危货车辆驾驶员信息档案实行一人一档，包括危货车辆驾驶员基本信息、危货车辆驾驶员体检表、安全驾驶信息、诚信考核信息等情况。

（3）道路危货运输企业应当建立危货车辆驾驶员调离和辞退制度。对交通违法记满分、诚信考核不合格以及从业资格证被吊销的危货车辆驾驶员要及时调离或辞退。

（4）道路危货运输企业应当建立危货车辆驾驶员安全告诫制度。安全管理人员对危货车辆驾驶员出车前进行问询、告知，督促危货车辆驾驶员做好对车辆的日常维护和检查，防止危货车辆驾驶员酒后、带病或者带不良情绪上岗。

(5)道路危货运输企业应当建立防止危货车辆驾驶员疲劳驾驶制度。关心危货车辆驾驶员的身心健康，定期组织危货车辆驾驶员进行体检，为危货车辆驾驶员创造良好的工作环境，合理安排运输任务，防止危货车辆驾驶员疲劳驾驶。

(6)危货运输车辆驾驶员在从事道路运输活动时，应当携带相应的从业资格证件，并应当遵守国家相关法规和道路运输安全操作规程，不得违法经营、违章作业。

(7)危货运输车辆驾驶员从事道路运输活动时不得超载运输，连续驾驶时间不得超过4h，每天累计驾驶时间不得超过8h。

(8)危货运输车辆驾驶员应按照规定填写行车日志。

(9)危货运输车辆驾驶员应当采取必要措施保证自身的人身和财产安全，发生紧急情况时，应当积极进行救护。

(10)道路危险货物运输驾驶员应当按照道路交通安全主管部门指定的行车时间和路线运输危险货物。

(11)在道路危险货物运输过程中发生燃烧、爆炸、污染、中毒或者被盗、丢失、流散、泄漏等事故，道路危险货物运输驾驶员、押运人员应当立即向当地公安部门和所在运输企业或者单位报告，说明事故情况、危险货物品名和特性，并采取一切可能的警示措施和应急措施，积极配合有关部门进行处置。

三、危货运输车辆驾驶员的法律责任

(1)违反本规定，有下列行为之一的人员，由设区的市级人民政府交通主管部门处2万元以上10万元以下的罚款；构成犯罪的，依法追究刑事责任：

①未取得相应从业资格证件，从事道路危险货物运输活动的。

②使用失效、伪造、变造的从业资格证件，从事道路危险货物

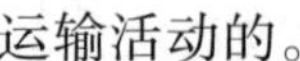

运输活动的。

③超越从业资格证件核定范围，从事道路危险货物运输活动的。

（2）道路运输从业人员有下列不具备安全条件情形之一的，由发证机关吊销其从业资格证件：

①道路危险货物运输从业人员身体健康状况不符合有关机动车驾驶和相关从业要求且没有主动申请注销从业资格的。

②道路危险货物运输驾驶员发生重大以上交通事故，且负主要责任的。

（3）被吊销的从业资格证件应当由发证机关公告作废并登记归档。

（4）违反本规定，交通主管部门及道路运输管理机构工作人员有下列情形之一的，依法给予行政处分；构成犯罪的，依法追究刑事责任：

①不按规定的条件、程序和期限组织从业资格考试的。

②发现违法行为未及时查处的。

③索取、收受他人财物及谋取其他不正当利益的。

④其他违法行为。

第七节 车辆管理

（1）道路危险货物运输企业或者单位应当按照《道路货物运输及站场管理规定》中有关车辆管理的规定，维护、检测、使用和管理专用车辆，确保专用车辆技术状况良好。

（2）设区的市级道路运输管理机构应当定期对专用车辆进行审验，每年审验一次。审验按照《道路货物运输及站场管理规定》进行，并增加以下审验项目：

①专用车辆投保危险货物承运人责任险情况。

②必需的应急处理器材、安全防护设施设备和专用车辆标志的配备情况。

③具有行驶记录功能的卫星定位装置的配备情况。

(3)禁止使用报废的、擅自改装的、检测不合格的、车辆技术等级达不到一级的和其他不符合国家规定的车辆从事道路危险货物运输。

除铰接列车、具有特殊装置的大型物件运输专用车辆外,严禁使用货车列车从事危险货物运输;倾卸式车辆只能运输散装硫黄、萘饼、粗蒽、煤焦沥青等危险货物。

禁止使用移动罐体(罐式集装箱除外)从事危险货物运输。

(4)运输剧毒化学品、爆炸品专用车辆及罐式专用车辆(含罐式挂车)应当到具备道路危险货物运输车辆维修资质的企业进行维修。

牵引车以及其他专用车辆由企业自行消除危险货物的危害后,可到具备一般车辆维修资质的企业进行维修。

(5)用于装卸危险货物的机械及工具的技术状况应当符合行业标准《汽车运输危险货物规则》(JT 617)规定的技术要求。

(6)罐式专用车辆的常压罐体应当符合国家标准《道路运输液体危险货物罐式车辆第 1 部分:金属常压罐体技术要求》(GB 18564.1)、《道路运输液体危险货物罐式车辆第 2 部分:非金属常压罐体技术要求》(GB 18564.2)等有关技术要求。

使用压力容器运输危险货物的,应当符合国家特种设备安全监督管理部门制定并公布的《移动式压力容器安全技术监察规程》(TSG R0005)等有关技术要求。

压力容器和罐式专用车辆应当在质量检验部门出具的压力容器或者罐体检验合格的有效期内承运危险货物。

(7)道路危险货物运输企业或者单位对重复使用的危险货物包装物、容器,在重复使用前应当进行检查;发现存在安全隐患的，应当维修或者更换。

道路危险货物运输企业或者单位应当对检查情况作记录，记录的保存期限不得少于2年。

(8)道路危险货物运输企业或者单位应当到具有污染物处理能力的机构对常压罐体进行清洗(置换)作业，将废气、污水等污染物集中收集，消除污染，不得随意排放，污染环境。

(9)有符合下列要求的专用车辆及设备：

①自有专用车辆(挂车除外)5辆以上；运输剧毒化学品、爆炸品的，自有专用车辆(挂车除外)10辆以上。

②专用车辆技术性能符合国家标准《营运车辆综合性能要求和检验方法》(GB 18565)的要求；技术等级达到行业标准《营运车辆技术等级划分和评定要求》(JT/T 198)规定的一级技术等级。

③专用车辆外廓尺寸、轴荷和质量符合国家标准《道路车辆外廓尺寸、轴荷和质量限值》(GB 1589)的要求。

④专用车辆燃料消耗量符合行业标准《营运货车燃料消耗量限值及测量方法》(JT 719)的要求。

⑤配备有效的通信工具。

⑥专用车辆应当安装具有行驶记录功能的卫星定位装置。

⑦运输剧毒化学品、爆炸品、易制爆危险化学品的，应当配备罐式、厢式专用车辆或者压力容器等专用容器。

⑧罐式专用车辆的罐体应当经质量检验部门检验合格，且罐体载货后总质量与专用车辆核定载质量相匹配。运输爆炸品、强腐蚀性危险货物的罐式专用车辆的罐体容积不得超过$20m^3$，运输剧毒化学品的罐式专用车辆的罐体容积不得超过$10m^3$，但符合国家有关标准的罐式集装箱除外。

⑨运输剧毒化学品、爆炸品、强腐蚀性危险货物的非罐式专用车辆，核定载质量不得超过10t，但符合国家有关标准的集装箱

运输专用车辆除外。

⑩配备与运输的危险货物性质相适应的安全防护、环境保护和消防设施设备。

(10)有符合下列要求的停车场地:

①自有或者租借期限为3年以上,且与经营范围、规模相适应的停车场地,停车场地应当位于企业注册地市级行政区域内。

②运输剧毒化学品、爆炸品专用车辆以及罐式专用车辆,数量为20辆(含)以下的,停车场地面积不低于车辆正投影面积的1.5倍,数量为20辆以上的,超过部分,每辆车的停车场地面积不低于车辆正投影面积;运输其他危险货物的,专用车辆数量为10辆(含)以下的,停车场地面积不低于车辆正投影面积的1.5倍;数量为10辆以上的,超过部分,每辆车的停车场地面积不低于车辆正投影面积。

③停车场地应当封闭并设立明显标志,不得妨碍居民生活和威胁公共安全。

第八节 营运管理

(1)道路危险货物运输企业或者单位应当严格按照道路运输管理机构决定的许可事项从事道路危险货物运输活动,不得转让、出租道路危险货物运输许可证件。严禁非经营性道路危险货物运输单位从事道路危险货物运输经营活动。

(2)危险货物托运人应当委托具有道路危险货物运输资质的企业承运。危险货物托运人应当对托运的危险货物种类、数量和承运人等相关信息予以记录,记录的保存期限不得少于1年。

(3)危险货物托运人应当严格按照国家有关规定妥善包装并在外包装设置标志,并向承运人说明危险货物的品名、数量、危害、应急措施等情况。需要添加抑制剂或者稳定剂的,托运人应当按照规定添加，并告知承运人相关注意事项。危险货物托运人托运危险化学品的，还应当提交与托运的危险化学品完全一致的安全技术说明书和安全标签。

(4)不得使用罐式专用车辆或者运输有毒、感染性、腐蚀性危险货物的专用车辆运输普通货物。其他专用车辆可以从事食品、生活用品、药品、医疗器具以外的普通货物运输，但应当由运输企业对专用车辆进行消除危害处理，确保不对普通货物造成污染、损害。不得将危险货物与普通货物混装运输。

(5)专用车辆应当按照国家标准《道路运输危险货物车辆标志》(GB 13392)的要求悬挂标志(图3-6)。

图3-6　危险货物车辆标志

(6)运输剧毒化学品、爆炸品的企业或者单位，应当配备专用停车区域，并设立明显的警示标牌。

(7)专用车辆应当配备符合有关国家标准以及与所载运的危险货物相适应的应急处理器材和安全防护设备。

(8)道路危险货物运输企业或者单位不得运输法律、行政法规禁止运输的货物。法律、行政法规规定的限运、凭证运输货物，道路危险货物运输企业或者单位应当按照有关规定办理相关运输手续。法律、行政法规规定托运人必须办理有关手续后方可运输的危险货物，道路危险货物运输企业应当查验有关手续齐全有效后方可承运。

(9)道路危险货物运输企业或者单位应当采取必要措施，防止危险货物脱落、扬散、丢失以及燃烧、爆炸、泄漏等。

(10)驾驶人员应当随车携带《道路运输证》。驾驶人员或者押运人员应当按照《汽车运输危险货物规则》(JT 617)的要求，随车携带《道路运输危险货物安全卡》。

(11)在道路危险货物运输过程中，除驾驶人员外，还应当在专用车辆上配备押运人员，确保危险货物处于押运人员监管之下。

(12)道路危险货物运输途中，驾驶人员不得随意停车。因住宿或者发生影响正常运输的情况需要较长时间停车的，驾驶人员、押运人员应当设置警戒带，并采取相应的安全防范措施。运输剧毒化学品或者易制爆危险化学品需要较长时间停车的，驾驶人员或者押运人员应当向当地公安机关报告。

(13)危险货物的装卸作业应当遵守安全作业标准、规程和制度，并在装卸管理人员的现场指挥或者监控下进行。危险货物运输托运人和承运人应当按照合同约定指派装卸管理人员；若合同未予约定，则由负责装卸作业的一方指派装卸管理人员。

(14)驾驶人员、装卸管理人员和押运人员上岗时应当随身携带从业资格证。

(15)严禁专用车辆违反国家有关规定超载、超限运输。道路危险货物运输企业或者单位使用罐式专用车辆运输货物时，罐体载货后的总质量应当和专用车辆核定载质量相匹配；使用牵引车运输货物时，挂车载货后的总质量应当与牵引车的准牵引总质量相匹配。

(16)道路危险货物运输企业或者单位应当要求驾驶人员和

押运人员在运输危险货物时，严格遵守有关部门关于危险货物运输线路、时间、速度方面的有关规定，并遵守有关部门关于剧毒、爆炸危险品道路运输车辆在重大节假日通行高速公路的相关规定。

（17）道路危险货物运输企业或者单位应当通过卫星定位监控平台或者监控终端及时纠正和处理超速行驶、疲劳驾驶、不按规定线路行驶等违法违规驾驶行为。监控数据应当至少保存3个月，违法驾驶信息及处理情况应当至少保存3年。

（18）道路危险货物运输从业人员必须熟悉有关安全生产的法规、技术标准和安全生产规章制度、安全操作规程，了解所装运危险货物的性质、危害特性、包装物或者容器的使用要求和发生意外事故时的处置措施，并严格执行《汽车运输危险货物规则》（JT 617）、《汽车运输、装卸危险货物作业规程》（JT 618）等标准，不得违章作业。

（19）道路危险货物运输企业或者单位应当通过岗前培训、例会、定期学习等方式，对从业人员进行经常性安全生产、职业道德、业务知识和操作规程的教育培训。

（20）道路危险货物运输企业或者单位应当加强安全生产管理，制定突发事件应急预案，配备应急救援人员和必要的应急救援器材、设备，并定期组织应急救援演练，严格落实各项安全制度。

（21）道路危险货物运输企业或者单位应当委托具备资质条件的机构，对本企业或单位的安全管理情况每3年至少进行一次安全评估，出具安全评估报告。

（22）在危险货物运输过程中发生燃烧、爆炸、污染、中毒或者被盗、丢失、流散、泄漏等事故，驾驶人员、押运人员应当立即根据应急预案和《道路运输危险货物安全卡》的要求采取应急处置措施，并向事故发生地公安部门、交通运输主管部门和本运输企业或者单位报告。运输企业或者单位接到事故报告后，应当按照本单位危险货物应急预案组织救援，并向事故发生地安全生产监督管理部门和环境保护、卫生主管部门报告。道路危险货物运输管理机构应当公布事故报告电话。

(23)在危险货物装卸过程中，应当根据危险货物的性质，轻装轻卸，堆码整齐，防止混杂、撒漏、破损，不得与普通货物混合堆放。

(24)道路危险货物运输企业或者单位应当为其承运的危险货物投保承运人责任险。

(25)道路危险货物运输企业异地经营(运输线路起讫点均不在企业注册地市域内)累计3个月以上的，应当向经营地设区的市级道路运输管理机构备案并接受其监管。

(26)有符合下列要求的停车场地：

①自有或者租借期限为3年以上，且与经营范围、规模相适应的停车场地，停车场地应当位于企业注册地市级行政区域内。

②运输剧毒化学品、爆炸品专用车辆以及罐式专用车辆，数量为20辆(含)以下的，停车场地面积不低于车辆正投影面积的1.5倍，数量为20辆以上的，超过部分，每辆车的停车场地面积不低于车辆正投影面积；运输其他危险货物的，专用车辆数量为10辆(含)以下的，停车场地面积不低于车辆正投影面积的1.5倍；数量为10辆以上的，超过部分，每辆车的停车场地面积不低于车辆正投影面积。

③停车场地应当封闭并设立明显标志，不得妨碍居民生活和威胁公共安全。

第四章　危险货物的基本特性及分类

本章主要介绍道路运输所涉及的危险货物，只有了解危险货物的基本特性，掌握最基础的相关知识才能更好地在从业过程中保障自身及车辆的安全。主要内容有危险货物的特性、危险货物的分类、品名、《危险货物品名表》等。

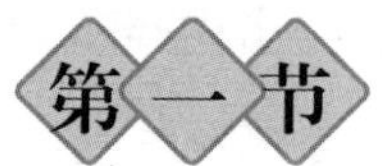

第一节　危险货物的定义与性质

货物在货物学中，被定义为凡是经由运输单位或仓储单位承运的一切原材料、工农业产品、商品及其他产品。简而言之，货物是需要运输或储运的产品、物品、物质等的共性名称。而危险货物根据我国法律法规、要求规定，是指具有爆炸、易燃、毒害、感染、腐蚀、放射性等危险特性，在运输、储存、生产、经营、使用和处置中，容易造成人身伤亡、财产损毁或环境污染而需要特别防护的物质和物品。

根据《危险货物分类和品名编号》（GB 6944—2012）、《危险货物品名表》（GB 12268—2012）危险货物共分为 9 大类，分别为：第 1 类爆炸品；第 2 类气体；第 3 类易燃液体；第 4 类易燃固体、易于自燃的物质、遇水放出易燃气体的物质；第 5 类氧化性物质和有机过氧化物；第 6 类毒性物质和感染性物质；第 7 类放射性物质；第 8 类腐蚀性物质；第 9 类杂项危险物质和物品，包括危害环境物质。

根据《危险货物运输包装通用技术条件（GB 12463—2009）》、

《危险货物运输包装类别划分方法(GB/T 15098—2008)》,危险货物的包装储运标志共设定了21种标志的图形共19个名称,危险货物按其危险程度也划分为三个包装类别:

Ⅰ类包装:货物具有大的危险性,包装强度要求高。

Ⅱ类包装:货物具有中等危险性,包装强度要求较高。

Ⅲ类包装:货物具有小的危险性,包装强度要求一般。

运输过程中由于不同类型性质的危险货物的特点,在外部包装标志上必须进行外部标志体现其危险性,从业人员能够更好地根据其外部特征区分其危险特性,提前做好相关防护措施,或针对不同特点进行有针对地安全操作,在一定程度内最大可能地避免伤亡事故发生地范围及人员的增加。

第二节　危险货物储运包装

危险货物由于其本身特性,在储存、包装、装卸、运输等过程中存在较大的危险性,在这些操作过程中由于工作人员不熟悉不了解其性质,而进行错误的操作、不符合间距、包装要求的存放、无安全措施的装卸等不安全的行为,以及在运输过程中由于车辆上货物的堆放原因、运输盛装器具、车辆自身性能、车速、碰撞等诸多原因而导致火灾、爆炸、危险货物泄漏等事故,因其特殊性而导致大范围的人员伤害、规模较大区域的环境毒害,造成不可估量的危险。根据《公路运输危险货物包装检验安全规范》、《危险货物运输包装通用技术条件》、《道路危险货物运输管理规定》、《危险货物包装标志》、《汽车运输危险货物规则》等国家有关法律法规、标准规范等的要求,对于危险货物的包装、装卸、运输等进行了严格要求,在危险货物的道路运输过程中要求一线操作人员(驾驶人员、押运人员、装卸人员等为主)严格遵守各项法律法规,在符合安全要求的前提下进行合理的操作,从而进行安全而具有经济效益的商业活动。

一、危险货物的包装标记标识

在道路运输过程中根据不同的货品类型、性质，进行不同种类的包装，常见类型的包装根据外观分为箱、桶(圆桶)、袋、罐、轻型标准金属容器等。箱：由金属、木材、胶合板、再生木、纤维板、塑料或其他适当材料制作的完整矩形或多角形容器。桶(圆桶)：由金属、纤维板、塑料、胶合板或其他适当材料制成的两端为平面或凸面的圆柱形容器。本定义还包括其他形状的容器，例如圆锥形颈容器或提桶形容器。袋：由纸、塑料薄膜、纺织品、编织材料或其他适当材料制作的柔性容器。罐：横截面成矩形或多角形的金属或塑料容器。轻型标准金属容器：横截面呈圆形、椭圆形、矩形或多边形，筒体成锥形收缩，壁厚不小于0.5mm，平底或弧形底带有一个或多个孔，由金属制成圆锥形颈容器和提桶形容器。

❶ 危险货物包装标记分类

根据危险货物分类中，第1类、第2类、第7类、第5类的5.2项，第6类的6.2项，以及第4类的4.1项自反应物质以外的其他各类危险物质，按照它们具有的危险程度划分为三个包装类别：

Ⅰ类包装：显示高度危险性的物质。

Ⅱ类包装：显示中等危险性的物质。

Ⅲ类包装：显示轻度危险性的物质。

注：通常Ⅰ类包装可盛装显示高度危险性、中等危险性、轻度危险性的物质；Ⅱ类包装可盛装显示中等危险性、轻度危险性的物质；Ⅲ类包装只可盛装显示轻度危险性的物质。但有时候根据具体盛装的危险货物的特性而定，例如盛装某些液体物质应根据其实际的密度而定。

❷ 容器类型的代码

(1)代码包括:

①阿拉伯数字,表示容器的种类,如桶、罐等,后接。

②大写拉丁字母,表示材料的性质,如钢、木等。

③(必要时后接)阿拉伯数字,表示容器在其所属种类中的类别。

(2)下述数字用于表示容器的种类标记代号:

1——桶。

2——木琵琶桶。

3——罐。

4——箱、盒。

5——袋、软管。

6——复合包装。

7——压力容器。

8——筐、篓。

9——瓶、坛。

0——轻型标准金属容器。

(3)下述大写字母用于表示材料的种类:

A——钢(一切型号及表面处理的)。

B——铝。

C——天然木。

D——胶合板。

F——再生木。

G——纤维板。

H——塑料。

L——纺织品。

M——多层纸。

N——金属(钢和铝除外)。

P——玻璃、陶瓷或粗陶瓷。

❸ 标记

(1)标记用于表明带有该标记的容器已成功的通过《公路运输危险货物包装检验安全规范》第七章规定的试验的要求,并符合相关要求,但标记并不一定能证明该容器可以用来盛装任何物质。

(2)每一个容器应带有持久、易辨认、与容器相比位置合适、大小适当的明显标志。对于毛重超过 30kg 的包装件,其标记或表及附件应贴在容器顶部或一侧,字母、数字、符号应不小于 12mm 高,容量为 30L 或 30kg 或更少的容器上,其标记至少应为 6mm 高。对于容量为 5L 或 5kg 或更少的容器,其标记的尺寸应大小合适。

标记应标明:

①S——表示拟装固体的包装标记;L——表示拟装液体的包装标记:R——表示修复后的包装标记;ⒼⒷ——表示符合国家标准要求;ⓊⓃ——表示符合联合国规定的要求。

②单一包装型号由一个阿拉伯数字和一个英文字母组成,英文字母表示包装容器的材质,其左边平行的阿拉伯数字代表包装容器的类型,英文字母右下方的阿拉伯数字,代表同类型包装容器不同开口的型号。如 1A——表示钢桶;1——表示闭口钢桶;1——表示中开口钢桶;1——表示全开口钢桶。复合包装型号由一个表示包装的阿拉伯数字和一组表示包装材质和包装形式的字符组成。字符为两个大写英文字母和阿拉伯数字。第一个英文字母表示内包装材质,第二个英文字母表示外包装材质,右边阿拉伯数字表示包装形式。如 6HA1 表示内包装为塑料容器,外包装为钢桶的复合包装。

根据前述表示容器种类的代码,如4H1。

③一个由两部分组成的编号:

a.一个字母表示设计型号已成功地通过试验的包装类别:X——Ⅰ类包装;Y——Ⅱ类包装;Z——Ⅲ类包装。

b.相对密度,表示已经按此相对密度对不带内容器的准备装液体的容器设计型号进行过试验;若相对密度不超过1.2,这一部分可省略。对准备盛装固体或装入内容器的容器而言,以kg表示的最大质量。

注:对于轻型标准金属容器,用于装载在23℃黏度超过200 m^2/s的液体时,以kg表示的最大总质量。

④使用字母"S"表示容器拟用于运输固体或容器,或者对拟装液体的容器(组合容器外)而言,容器已能证明能承受的液压试验压力,用kPa表示。

注:对于轻型标准金属容器,用于装载在23℃黏度超过200 m^2/s的液体时,用字母"S"表示。

⑤容器制造年份的最后两位数字。型号为1H1、1H2、3H1和3H2的塑料容器还应适当地标出制造月份;这可与标记的其余部分分开,在容器的空白处标出,最好的办法是:

⑥表明生产国代号,中国为CN。

⑦容器制造厂的代号,该代号应体现该容器制造厂所在的行政区域,各区域代码参见《公路运输危险货物包装检验安全规范》相关附录。

⑧生产批次。

除了上述规定的耐久标记外,每一超过100L的新金属桶,在其底部应有持久性标记,并至少表明桶身所用金属标称底厚(mm,精确到0.1mm)。如金属桶两个端部中由一个标称厚度小于桶身的标称厚度,那么顶端、桶身和底端的标称厚度应以永久性形式(例如压纹)在底部标明。

❹ 一般标记要求

(1)每一个容器应按照要求标明持久性标记。

(2)公路运输危险货物包装应结构合理、防护性能好,符合国家相关规格规定。其设计模式、工艺、材质应适应公路运输危险货物特性,便于安全装卸和运输,能承受正常运输条件下的风险。

(3)危险货物应装在质量良好的容器内,该容器应足够坚固,能承受得住运输过程中通常遇到的冲击和载荷,包括运输装置之间和运输装置与仓库之间的转载以及撤离托盘或外包装供随后人工或机械操作。容器的机构和封闭状况应防止准备运输时可能因正常运输条件下由于振动或由于温度、湿度或压力变化造成的任何内装物损失。在运输过程中不应有任何危险残余物黏附在容器外面。这些要求适用于新的、再次使用的、修复过的或改制的容器。

(4)容器与危险货物直接接触的各个部件:

①不应受到危险货物的影响或强度被危险货物明显的减弱。

②不应在包件内造成危险的效应,例如促使危险货物起反应或与危险货物起反应,必要时,这些部位应有适当的内涂层或经过适当的处理。

(5)若容器内装的是液体,应留有足够的未满空间,以保证不会由于在运输过程中可能发生的温度变化造成的液体膨胀而使容器泄漏或永久变形。除非规定具体要求,否则,液体不可在55℃温度下装满容器。

(6)内容器在外容器中的置放方式,应做到在正常的运输条件下,不会破裂、被穿刺或内装物泄漏到外容器中。对于那些易于破裂或易被刺破的内容器,例如,用玻璃、陶瓷、粗陶瓷或某些塑料制成的,应使用适当的衬垫材料固定在外容器中。如果内装物有泄漏,衬垫材料或外容器的保护性能不应遭到重大破坏。

①衬垫及吸收材料须是惰性的，并与内装物的性质相适应。

②外容器材料的性能和厚度应保证运输过程中不会应摩擦而产生可能严重改变内装物的化学稳定性的热量。

(7)危险货物不应与其他危险货物放置在同一个外容器中，如果它们彼此会起危险反应并造成：

①燃烧或放出大量的热。

②放出易燃、毒性或窒息性气体。

③产生腐蚀性物质。

④产生不稳定物质。

(8)装有潮湿或稀释物质的容器的封闭装置应使液体(水、溶剂或减敏剂)的百分率在运输过程中不会下降到规定的限度以下。

(9)液体仅可装入对正常运输条件下可能产生的内压具有适当承受能力的内容器。如果包件中由于内装物释放气体(由于温度增加或其他原因)而产生压力时，可在容器上安装一个通气孔，但释放的气体不应因其毒性、易燃性和释放量而造成危险。通气孔应设计成保证在正常的运输条件下，在容器处于运输状态时，不会有液体泄漏和异物传入等状况发生。

(10)所有新的、改制的、再次使用的容器应能使用前文所规定的试验。在装货和移交运输之前，应按照前文对每一个容器进行检查，确保无腐蚀、污染或其他破损。当容器显示出的强度与批准的设计型号比较有下降的迹象时，不应再使用或应予以整修，使之能够通过设计型号试验。

(11)液体应装入对正常运输条件下可能产生的内部压力具有适当承受力的容器。标有规定的液压试验压力的容器，仅能装载有下述蒸气压力的液体：

①根据15℃的装载温度和规定的最大的装载度确定的容器内的总表压(即装载物质的蒸气压加空气或其他惰性气体的分压，减去100kPa)，在55℃时不超过标记试验压力的2/3。

②在 50℃时,小于标记试验压力加 100kPa 之和的 4/7。

③在 50℃时,小于标记试验压力加 100kPa 之和的 2/3。

(12)拟装液体的每个容器,应在下列情况下成功地通过适当的气密(密封性)试验,并且能够达到前文所规定的适当试验水平:

①在第一次用于试验水平。

②任何容器在改制或整理之后,再次用于运输之前。

③在进行这项试验时,容器不必装有自己的封闭装置。如试验结果不会受到影响,复合容器的内贮器可在不用外容器的情况下进行试验,以下情况可免于试验;复合容器(玻璃、陶瓷或粗陶瓷)的内贮器、轻型标准金属容器。

(13)在运输过程中可能遇到的温度下会变成液体的固体的容器也应具备装载液体物质的能力。

(14)用于装粉末或颗粒状物质的容器,应防泄漏或配备衬里。

(15)内容器应固定并安装衬垫,限制其在外包装盛装第 3、4、8 类及第 5 类中第 5.1 项、第 6 类中 6.1 项的液体时,内容器外应有吸附衬垫材料。吸附衬垫材料不应与内容器中盛装的危险物质发生危险性反应,内容物的渗漏也不应引起危险的化学反应或改变衬垫材料的保护特性。

(16)外包装材料的性能和厚度应保证不会因运输过程中的摩擦生热而改变内容物的化学稳定性。

(17)用组合容器盛装危险货物,内容器的封闭口不能倒置。在外包装上应标有明显的表示作业方向的标识。

(18)对于损坏、有缺陷、渗漏或不符合规定的危险货物包装件,或者溢出或漏出的危险货物,可以装在救助容器中运输。

(19)应采取适当措施,防止损坏或渗漏的包件在救助容器内过分移动。当救助容器装有液体时,应添加足够的惰性吸收材料以消除游离液体的出现。

❺ 特殊包装要求

1）第Ⅰ类爆炸物品的特殊包装要求

（1）第Ⅰ类货物的所有容器的设计和制造应达到以下要求：

①能够保护爆炸品，使它们在正常运输条件下，包括在可预见的温度、湿度和压力发生变化时，不会漏出，也不会增加无意引燃或引发的危险。

②完整的包装件在正常运输条件下可以安全地搬动。

③包装件能够受得住运输中可预见的堆叠加在它们之上的任何荷重，不会因此而增加爆炸品具有的危险性，容器的保护功能不会受到损害，容器变形的方式或程度不至于降低其强度或造成堆垛的不稳定。

（2）容器应符合要求，并达到Ⅱ类包装试验要求，Ⅰ类包装不应使用金属容器。

（3）装液态爆炸品的容器的封闭装置应有防渗漏的双重保护设备。

（4）金属桶的封闭装置应包括适宜的垫圈；如果封闭装置包括螺纹，应防止爆炸性物质进入螺纹。

（5）盛装可溶于水的物质的容器应是防水的。运动减敏或退敏物质的容器应封闭以防止浓度在运输过程中发生变化。

（6）当容器包括中间充水的双包层，而水在运输过程中可能结冰时应在水中加入足够的防冻剂以防结冰，不应使用由于其固有的易燃性而可能引起燃烧的防冻剂。

（7）钉子、钩环和其他没有防护涂层的金属制造的封闭装置，不应穿入外容器内部，除非内容器能够防止爆炸品与金属接触。

（8）内容器、连接件和衬垫材料以及爆炸性物质或物品在包装件内的装置方式应能使爆炸性物质或物品在正常运输条件下不会在外容器内散开。应防止物品的金属部件与金属容器接触。

含有未使用外壳封装的爆炸性物质的物品应互相隔开以防止摩擦和碰撞。内容器或外容器、模件或贮器中的填塞物、托盘、隔板可达到这一目的。

(9)制造容器的材料应与包装件所装的爆炸品相容，并且是该爆炸品不能透过的，以防止爆炸品与容器材料之间的相互作用或渗漏造成爆炸品不能安全运输，或者造成危险项别或配装组的改变，并应防止爆炸物质进入有接触金属容器的凹处。

(10)塑料容器不应容易产生或积累足够的静电。

(11)爆炸性物质不应装在由于热效应或其他效应引起的内部或外部压力差可能导致爆炸或造成包装件破裂的内容器或外容器。

(12)如果松散的爆炸性物质或者无外壳或部分露出的物品的爆炸性物质可能与金属容器的内表面接触时，金属容器应有内衬里或涂层。

(13)内容器、附件、衬垫材料以及爆炸性物质在包装件内应牢固放置，以保证在运输过程中，不会导致危险性移动。

(14)电引爆装置防止电磁辐射及偏离电流。装有发火或引发装置的爆炸品，应有效保护，防止正常运输条件下发生意外事故。

2)有机过氧化物(5.2 项)和自反应物质(4.1 项)的特殊包装要求

(1)对于有机过氧化物，所有贮器应“有效封闭”。如果包装件内可能因为释放气体而产生较大的内压，可以配备排气孔，但排放的气体不应造成危险，否则装载度应加以限制。任何排气装置的结构应使液体在包件直立时不会漏出，并且应能防止杂质进入。如果有外容器，其设计应使它不会干扰排气装置的作用。

(2)有机过氧化物的包装应保证对所有与内容物相接触的材料不起化学反应，对内容物的特性无影响，当发生泄漏时，衬垫物不易燃烧，不会引起有机过氧化物的分解。

3)桶、罐类容器的要求

(1)闭口桶、罐的大、小封闭器螺盖应紧密配合,并配以适当的密封圈,螺盖拧紧程度应达到密封要求。

(2)开口桶、罐应配以适当的密封圈,无论采用何种形式封口,均应达到紧箍、密封要求,扳手箍还需要销子锁住扳手。

4)箱类包装的要求

(1)木箱、纤维板箱用钉紧固时,应钉实,不得突出钉帽,穿透容器的钉尖应盘倒,并加封盖,以防与内装物发生任何化学反应或物理变化,打包带紧箍箱体。

(2)瓦楞纸箱应完好无损,封口应平整牢固,打包带紧箍箱体。

5)袋类包装的要求

(1)外容器用缝线封口时,无内衬袋的外容器袋口应折叠30mm以上,缝线的开始和结束应有5针以上回针,其缝针密度应保证内容物不撒漏且不降低袋口强度。有内衬袋的外容器袋缝针密度应保证牢固无内容物撒漏。

(2)内容器袋封口时,不论采用绳扎、黏合或其他形式的封口,应保证内容物无撒漏。

(3)绳扎封口时,排出袋内气体、袋口用绳扎绕二道,扎紧打结,再将袋口朝下折转、用绳紧绕二道,扎紧打结,如果是双层袋,则应按此法分层扎紧。

(4)黏合封口时,排出袋内气体、黏合牢固,不允许有孔隙存在。如果是双层袋,则应分层黏合。

6)组合包装的要求

(1)内容器盛装液体时,封口需符合液密封口的规定;如需气密封口的,需符合气密封口的规定。

(2)盛装液体的易碎内容器(玻璃)等,其外包装应符合I类包装。

(3)吸附材料不得与所装危险货物发生有危险的化学反应,并确保内容器破裂时能完全吸附滞留全部危险货物,不致造成内容物从外包装容器中渗漏出来。

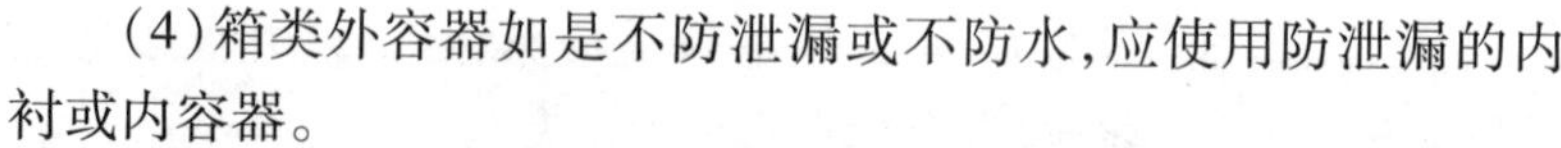

(4)箱类外容器如是不防泄漏或不防水,应使用防泄漏的内衬或内容器。

❻ 其他要求

(1)危险货物不得撒漏在容器外表面或外容器和内贮器之间。

(2)危险货物和与之相接触的容器不得发生任何影响容器强度及发生危险的化学反应。

(3)防震及衬垫不得与所包装危险货物发生化学反应,而降低其防震性能,应有足够的衬垫填充材料,防止内容器移动。

二、危险货物的运输包装技术

❶ 不适用范围

(1)盛装放射性物质的运输包装。

(2)盛装压缩气体和液化气体的压力容器的运输包装。

(3)净质量超过 400kg 的运输包装。

(4)容积超过 450L 的运输包装。

❷ 包装要求

(1)运输包装应机构合理,并具有足够强度,防护性能好,材质、形式、规格、方法和内装货物质量应与所装危险货物的性质和用途相适应,并能够装卸、运输和储存。

(2)运输包装应质量良好,其结构和封闭形式应能承受正常运输条件下的各种作业风险,不应因温度、湿度或压力的变化而发生任何渗(撒)漏,表面应清洁,不允许黏附有害的危险物质。

(3)运输包装与内装物直接接触部分,必要时应由内涂层或进行防护处理,运输包装材质不应与内装物发生化学反应而形成危险产物或导致削弱包装强度。

(4)内容器应予固定。如内容器易碎且盛装易撒漏货物，应使用与内装物性质相适应的衬垫材料或吸附材料衬垫托实。

(5)盛装液体的容器，应能经受在正常运输条件下产生的内部压力。灌装时应留有足够的膨胀余量(预留容积)，除另有规定外，并应保证在温度55℃时，内装液体不致完全充满容器。

(6)运输包装封口应根据内装物性质采用严密封口、液密封口或气密封口。

(7)盛装需浸湿或加有稳定剂的物质时，其容器封闭形式应能有效地保证内装液体(水、溶剂和稳定剂)的百分比，在储运期间保持在规定的范围内。

(8)运输包装有降压装置时，其排气孔设计和安装应能防止内装物泄漏和外界杂质进入，排出的气体量不应造成危险和环境污染。

(9)复合包装的内容器和外包装应紧密黏合，外包装不应有擦伤内容器的凸出物。

(10)盛装爆炸品包装的附加要求：

①盛装液体爆炸品容器的封闭形式，应具有防止渗漏的双重保护。

②除内包装能充分防止爆炸品与金属物接触外，铁钉和其他没有防护涂料的金属部件不应穿透外包装。

③双重卷边结合的钢桶、金属桶或以金属作衬里的运输包装，应能防止爆炸物进入隙缝。钢桶或铝桶的封闭装置应配有合适的垫圈。

④包装内的爆炸物质和物品，包括内容器，应衬垫妥实，在运输中不允许发生危险性移动。

⑤盛装有对外部电磁辐射敏感的电引发装置的爆炸物品，包装应具备防止所装物品受外部电磁辐射源影响的功能。

(11)包装容器基本结构应符合 GB/T 9174 的规定。

(12)常用危险货物运输包装的组合形式、标记代号、限制质

量等可参考《危险货物运输包装技术规范》。

❸ 包装容器

1）钢桶

（1）桶端应采用焊接或双重机械卷边，卷边内均匀填涂封隙胶。桶身接缝，除盛装固体或40L以下（含40L）的液体桶可采用焊接或机械接缝外，其余均应焊接。

（2）桶的两端凸缘应采用机械接缝或焊接，也可使用加强箍。

（3）桶身应有足够的强度，容积大于60L的桶，桶身应有两道模压外凸环筋，或两道与桶身不相连的钢质滚箍套在桶身上，使其不得移动。滚箍采用焊接固定时，不允许点焊，滚箍焊缝与桶身焊缝不允许重叠。

（4）最大容积为250L。

（5）最大净质量为400kg。

2）铝桶

（1）制桶材料应选用纯度至少为99%的铝，或具有抗腐蚀和合适机械强度的铝合金。

（2）桶的全部接缝应采用焊接，如有凸边接缝应采用与桶边不相连的加强箍紧予以加强。

（3）容积大于60L的桶，至少有两个与桶身不相连的金属滚箍套在桶身上，使其不得移动。滚箍采用焊接固定时，不允许点焊，滚箍焊缝与桶身焊缝不允许重叠。

（4）最大容积为250L。

（5）最大净质量为400kg。

3）钢罐

（1）钢罐两端的接缝应焊接或双重机械卷边。40L以上的罐身接缝应采用焊接；40L以下（含40L）的罐身接缝可采用焊接或双重机械卷边。

(2)最大容积为60L。

(3)最大净质量为120kg。

4)胶合板桶

(1)胶合板所用材料应质量良好,板层之间应用抗水黏合剂按交叉纹理粘接,经干燥处理,不应有降低其预定效能的缺陷。

(2)桶身至少用三合板制造。若使用黏合板以外的材料制造桶端,其质量应与胶合板等效。

(3)桶身内缘应有衬肩。桶身的衬层应牢固地固定在桶盖上,并能有效地防止内装物撒漏。

(4)桶身两端应用钢带加强。必要时桶端应用十字形木撑予以加固。

(5)最大容积为250L。

(6)最大净质量为400kg。

5)木琵琶桶

(1)所用木材应质量良好,无节子、裂缝、腐朽、边材或其他可能降低木桶预定用途效能的缺陷。

(2)桶身应用若干道加强箍加强。加强箍应选用质量良好的材料制造,桶端应紧密地镶在桶身端槽内。

(3)最大容积为250L。

(4)最大净质量为400kg。

6)硬质纤维板桶

(1)所用材料应选用具有良好抗水能力的优质硬质纤维板,桶端可使用其他等效材料。

(2)桶身接缝应加钉结合牢固,并具有与桶身相同的强度,桶身两端应用钢带加强。

(3)桶口内缘应有衬肩,桶底、桶盖应有十字形木撑予以加固,并与桶身结合紧密。

(4)最大容积为250L。

(5)最大净质量为400kg。

7)硬纸板桶

(1)桶身应采用多层牛皮纸黏合压制成的硬纸板制成。桶身外表面应涂有抗水能力良好的防护层。

(2)桶端若采用与桶身相同材料制造,应符合硬质纤维板桶的要求,也可用其他等同有效材料制造。

(3)桶端与桶身的结合处应用钢带卷边压制接合。

(4)最大容积为250L。

(5)最大净质量为400kg。

8)塑料桶、塑料罐

(1)所用材料能承受正常运输条件下的磨损、撞击、温度、光照及老化作用的影响。

(2)材料内可加入合适的紫外线防护剂,但应与桶(罐)内装物质性质相容,并在使用期内保持其效能。用于其他用途的添加剂,不能对包装材料的化学和物理性质产生有害作用。

(3)桶(罐)身任何一点的厚度均应与桶(罐)的容积、用途和每一点可能受到的压力相适应。

(4)最大容积:塑料桶为250L;塑料罐为60L。

(5)最大净质量:塑料桶为250kg;塑料罐为120kg。

9)木箱

(1)箱体应优于溶剂和用途相适应的加强条档和加强带。箱顶和箱底可由抗水的再生木板、硬质纤维板、塑料板或其他合适的材料制成。

(2)满板型木箱各部位应为一块板或一块板等效的材料组成。平板榫接、搭接、槽舌接,在每个接合处至少用两个波纹金属扣件对头连接等,均可是作与一块板等效的材料。

(3)最大净质量为400kg。

10)胶合板箱

(1)所用材料应符合胶合板箱的要求。

(2)胶合板箱的角柱件和顶端应用有效的方法装配牢固。

(3)最大净质量为400kg。

11)再生木板桶

(1)箱体应用抗水的再生木板、硬质纤维板或其他合适类型的板材制成。

(2)箱体应用木质框架加强,箱体和框架应装配牢固,接缝严密。

(3)最大净质量为400kg。

12)硬纸板箱、瓦楞板箱、钙塑板箱

(1)硬纸板箱或钙塑板箱应有一定抗水能力。硬纸板箱、瓦楞板箱、钙塑板箱应具有一定的弯曲性能,切割、折缝时应无缝隙,装配时无破裂或表皮断裂或过度弯曲,板层之间应黏合牢固。

(2)箱体结合处,应用胶带粘贴,搭接胶合,或者搭接并用钢钉或U形钉钉合,搭接处应有适当的重叠。如封口采用胶合或胶带粘贴,并使用抗水胶合剂。

(3)钙塑板箱外部表层应具有防滑性能。

(4)最大净质量为60kg。

13)金属箱

(1)箱体一般采用焊接或铆接。花格型箱如采用双重卷边接合,应防止内装物进入接缝的凹槽处。

(2)封闭装置应采用合适的类型,在正常运输条件下保持紧固。

(3)最大净质量为400kg。

14)塑料编织袋

(1)袋应缝制、编织或用其他等效强度的方法制作。

(2)防撒漏型袋应用纸或用其他等效强度的方法制作。

(3)防水型袋应用塑料薄膜或其他等效材料黏附在袋的内表面上。

(4)最大净质量为50kg。

15)纸袋

(1)袋的材料应用质量良好的多层牛皮纸或与牛皮纸等效的纸制成,并具有足够强度和韧性。

(2)袋的接缝风口应牢固、密封性能好,并在正常运输条件下保持其效能。

(3)放撒漏型纸袋应有一层防潮层。

(4)最大净质量为50kg。

16)坛类

(1)应有足够厚度,容器壁厚均匀,无气泡或砂眼。陶、瓷容器外部表面不得有明显的剥落和影响其效能的缺陷。

(2)最大容积为32L。

(3)最大净质量为50kg。

17)筐、篓类

(1)应采用优质材料编制而成,形状周正,有防护盖,并具有一定刚度。

(2)最大净质量为50kg。

❹ 防护材料

(1)防护材料包括用于支撑、加固、衬垫、缓冲和吸附等材料。

(2)运输包装所采用的防护材料及防护方式,应与内装物性能相容符合运输包装整体性能的需要,能经受运输途中的冲击与振动,保护内装物与外包装,当内容器破坏、内装物流出时也能保证外包装安全无损。

三、危险货物包装的标识表示

❶ 货物包装储运图示标志

一些货物具有易碎、怕晒、怕雨淋等特性,对货物装卸、储运和保管有特殊的安全操作要求，因此，在此类货物的外包装上标有相应的包装储运图示标志，提醒操作人员注意。

（1）《包装储运图示标志》（GB/T 191—2008）总共给出了17类标志（图4-1）。

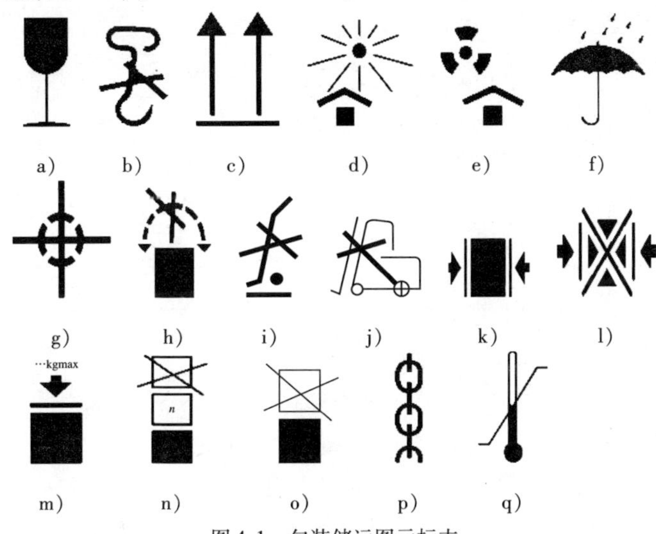

图4-1　包装储运图示标志

a）易碎物品标志——表明运输包装件内装易碎品，搬运时应小心轻放；b）禁用手钩标志——表明搬运运输包装件时禁用手钩；c）向上标志——表明运输包装件的正确位置是竖直向上；d）怕晒标志——表明运输包装件不能直接照晒；e）怕辐射标志——表明包装物品一旦受辐射便会完全变质或损坏；f）怕雨标志——表明包装件怕雨淋；g）重心标志——表明该包装件的重心位置，便于起吊；h）禁止翻滚标志——表明不能翻滚运输包装；i）此面禁用手推车标志——表明搬运货物时此面禁止放在手推车上；j）禁用叉车标志——表明不能用升降叉车搬运的包软件；k）由此夹起标志——表明装运货物时可用夹持的面；l）此处不能卡夹标志——表明装卸货物时此处不能用夹持的面；m）堆码质量极限标志——表明该运输包装件所能承受的最大质量极限；n）堆码层数极限标志——表明相同包装的最大堆码层数，n表示层数极限；o）禁止堆码标志——表明该包装件只能单层放置；p）由此吊起标志——表明起吊货物时挂绳索的位置；q）温度极限标志——表明运输包装件应该保持的温度范围

（2）标志在各种包装件上的粘贴位置：箱类包装，标志位于包装端面或侧面；袋类包装，标志位于包装明显处；桶类包装，标志位于桶身或桶盖；集装单元货物，标志位于四个侧面。

（3）不同特性货物装运、保管要求见表4-1。

不同特性货物装运、保管表 表4-1

货物类型	性能特征	实物	装运、保管要求
耐温性差的货物	遇温度变化易变质	亚硫酸钠	采取防热措施
耐湿性差的货物	受潮后成分和性能易发生变化	硫黄	采取防潮措施
易碎性货物	受撞击或重压易出现破碎或变形	硝酸铵	应小心轻放
互抵触性货物	相互接触会产生有害作用	煤炭	严禁混装和混合储存
易腐性货物	一般温度下易变质、腐坏	强酸、碱等	采取防腐措施

❷ 货物装卸应遵循的原则

（1）装卸货物时，应注意货物外包装的储运图示标志，严格遵守安全操作规程，不野蛮装卸，保证货物的安全；按货物的分类和要求，严格执行货物混装限制的有关规定；按要求对货物采取固定、隔离措施，并采取必要的措施保证货物装卸、运输的安全。

（2）运输的货物应当符合货运车辆核定的载质量，车辆载物的长、宽、高不得违反装载要求：货物长度、宽度不得超过车厢；重型、中型载货汽车、半挂车载货高度从地面起不得超过4m，载运集装箱的车货总高度不得超过4.2m；其他载货机动车的车货总高度不得超过2.5m。

第五章　危险源的辨识及危险有害因素的识别

危险源是指可能导致死亡、伤害、疾病、财产损失、工作环境破坏或其组合的根源或状态。在《职业健康安全管理体系 要求》(GB/T 28001—2011)中的定义为:可能导致人身伤害和(或)健康损害的根源、状态或行为,或其组合。危险源由三个要素构成:潜在危险性、存在条件和触发因素。本章主要针对道路危险货运运输及装卸过程中的危险源及危险有害因素进行讲解,其目的是为了便于从业人员更好地了解从业过程及岗位操作过程中的有害因素,从而有效地进行避免,防止灾害事故的发生。

第一节　危险源辨识的基本知识

危险源是指一个系统中具有潜在能量和物质释放危险的、可造成人员伤害、在一定的触发因素作用下可转化为事故的部位、区域、场所、空间、岗位、设备及其位置。它的实质是具有潜在危险的源点或部位,是爆发事故的源头,是能量、危险物质集中的核心,是能量从那里传出来或爆发的地方。危险源存在于确定的系统中,不同的系统范围,危险源的区域也不同。例如,从全国范围来说,对于危险行业(如石油、化工、危货运输等)具体的一个企业(如化工厂)就是一个危险源。而从一个企业系统来说,可能是某个生产车间、储存罐区就是危险源,一个车间系统内可能某反应釜是危险源。因此,分析危险源应按系统的不同层次来进行。一般来说,危险源可能存在事故隐患,也可能不存在事故隐患,对于存在事故隐患的危险源一定要及时加以整改,否则随时都可能导致事故。

危险源的识别实际是指识别危险源的存在并确定其性质的过程。对事故隐患的控制管理总是与一定的危险源联系在一起,因为没有危险的隐患也就谈不上要去控制它;而对危险源的控制,实际就是消除其存在的事故隐患或防止其出现事故隐患。所以,在实际中有时不加区别也使用这两个概念。

危险有害因素分析是指针对生产作业过程中的危险、有害因素的产生原因进行系统分析的方法。

(1)危险因素:是指能对人造成伤亡或对物造成突发性损害的因素。

(2)有害因素:是指能影响人的身体健康、导致疾病,或对物造成慢性损害的因素。

这里的因素应该理解为事故、作业过程、行为和环境,因为在不同的行业主要的危险有害因素差别较大。火灾、瓦斯爆炸、中毒、触电等属于事故;设备的检修、爆破作业、运输等属于作业过程;违章操作、违章指挥等属于行为;高温、雷电、雨雪等属于自然环境。

《安全评价》第三版中将危险、有害因素产生的原因划分为两个方面。①存在危险有害本身具有的物质、能量;②危险有害物质、能量失去控制,危险有害物质、能量失去控制的主要体现:人的不安全行为(13 大类);物的不安全状态(4 大类);管理缺陷(6 类)。

任何物质都具有相应的能量,物质和能量是客观存在的,只有当物质、能量在外力条件或自身变化且失去控制造成一定的危险或伤害时才可以称为危险有害物质和能量。

导致危险有害物质、能量失去控制的三个方面多数说法比较笼统,例如:有分散注意力的行为;冒进信号;作业场所狭窄;作业场所杂乱;来自相关方风险管理的缺陷等。

相对于物质和能量来说,人的不安全行为是外在条件;物的不安全状态既有可能是外部条件引起的，也有可能是其自身的变化引起的；管理的主角是我们人类自身，所以也应归结为外部条件。

外在条件很多，除了上面说的人的不安全行为之外，恶劣的自然条件是最重要的外在条件之一，地震、台风、洪水、雷击、温度、湿度、雾、冰雹、滑坡、泥石流、火山喷发等。企业在建设初期一般都会对本地的自然条件作一定的调查和了解，但是现在社会发展的快节奏导致部分地区环境污染的加大，最终引发台风、洪水等导致事故的发生。而对于危险货物运输来说，危险货物在运输过程中实际就是一个动态的危险源，它的周边环境在不断地进行变化，自身也可能会因为周边环绕因素的改变而改变。

危险、有害因素产生的原因应该是物质、能量在外部条件或自身变化的情况下，失去控制造成伤害或事故的综合作用。

一、按导致事故的直接原因进行分类

《生产过程危险和有害因素分类与代码》(GB/T 13861—2009)，将生产过程中的危险和有害因素分为 4 大类。

❶ 人的因素

(1)心理、生理性危险、有害因素。包括负荷超限，指易引起疲劳、劳损、伤害等的负荷超限；健康状况异常，指伤、病期；从事禁忌作业；心理异常；辨识功能缺陷；其他心理、生理性危险。

(2)行为性危险、有害因素。包括指挥错误；操作错误；监护失误；其他错误；其他行为性危险和有害因素。

❷ 物的因素

(1)物理性危险和有害因素。包括设备、设施缺陷；防护缺陷；电危害；噪声危害；振动危害；电磁辐射；运动物危害；明火；能

够造成灼伤的高温物体；能够造成冻伤的低温物体；粉尘与气溶胶；作业环境不良；信号缺陷；标志缺陷；其他物理危险有害因素。

(2)化学性危险和有害因素。包括易燃易爆性物质；自燃性物质；有毒物质；腐蚀性物质；其他化学性危险和有害因素。

(3)生物性危险和有害因素。包括致病微生物；传染病媒介物；致害动物；致害植物；其他生物性危险和有害因素。

❸ 环境因素

(1)主观接触场所环境不良。

(2)客观接触场所环境不良。

(3)突发性接触环境不良。

(4)其他作业环境不良。

❹ 管理因素

(1)安全生产管理组织机构不健全。

(2)安全生产责任未落实。

(3)安全生产管理规章制度不完善。

(4)安全投入不足。

(5)安全生产管理不完善。

(6)其他管理因素缺陷。

二、参照事故类别进行分类

参照《企业职工伤亡事故分类标准》(GB 6441)，综合考虑起因物、引起事故的诱导性原因、致害物、伤害方式等，将危险因素分为20类。①物体打击；②车辆伤害；③机械伤害；④起重伤害；⑤触电；⑥淹溺；⑦灼烫；⑧火灾；⑨高处坠落；⑩坍塌；⑪冒顶片帮；⑫透水；⑬放炮；⑭火药爆炸；⑮瓦斯爆炸；⑯锅炉爆炸；⑰容器爆炸；⑱其他爆炸；⑲中毒和窒息；⑳其他伤害。

三、按职业健康分类

参照卫生部颁发的《职业危害因素分类目录》，将危害因素分为粉尘、放射性物质、化学物质、物理因素、生物因素、导致职业性皮肤病的危害因素、导致职业性眼病的危害因素、导致职业性耳鼻喉口腔疾病的危害因素、职业性肿瘤的职业危害因素、其他职业危害因素等 10 类。

各行各业的差别较大，主要的危险、有害因素各不同，为了便于准确的辨识危险、有害因素，查找事故隐患，提出经济可行的安全对策措施，应制定一个统一的危险、有害因素辨识标准，根据各行业本身特点，划分危险、有害因素的类别。

下面以 LEC 法为例简要分析危险源辨识的基本过程。

❶ 危险源辨识的原则

(1)应考虑企业适用的法律、法规和其他要求对安全管理的有关规定。

(2)应考虑时效性，危险源辨识应具体在特定时间范围内。

(3)应考虑范围，危险源辨识在特定的范围内进行。

(4)应考虑采用的方法，采用的方法应体现科学性、系统性、综合性和适用性原则。

(5)应考虑所进行工作的性质，危险源辨识应在不同环境和不同背景下灵活进行，如发生伤害事故后应对风险级别和风险控制策划进行重新评审等。

❷ 危险源辨识的主要范围

危险源辨识覆盖企业生产活动、产品或服务活动的全过程，包括：

(1)作业地质及环境条件。

(2)作业场所平面分布及危货运输车辆运输路线。

(3)车辆、储罐及建(构)筑物。

(4)采购服务过程。

(5)作业设备、装置(车辆)。

(6)粉尘、毒物、噪声、振动、高温、低温等有害作业场所。

(7)管理设施、事故应急抢救设施和辅助生产、生活卫生设施。

(8)劳动组织、生理、心理因素、人机工程学因素等。

❸ 危险源辨识条件

(1)辨识时应充分考虑三种状态,即:

①正常态:指作业活动、系统或设备等按照其工作任务连续长时间进行工作的状态。

②异常态:指作业活动、系统或设备周期性或临时性的进行工作的状态,如设备的开启、停止、维修等。

③紧急态:指发生火灾、爆炸、人员伤亡等状态或其发生的临界状态。

(2)辨识时应充分考虑三种时态,即:

①过去:指作业活动、系统或设备等过去的安全控制状态及发生过的人身伤害事故。

②现在:指作业活动、系统或设备等现在的安全控制状态。

③将来:指作业活动发生变化、系统或设备等在发生改进、报废、退役等活动时产生的安全控制状态变化。

(3)六种能量逸散类型,即:动能、势能、电能、物理能、化学能、生物能。

(4)四种事故起因,即:人的不安全行为、物的不安全状态、作业环境缺陷、管理缺陷。

❹ 危险源辨识方法

(1)进行危险源辨识所必需的知识和经验。

关于对象系统的详细知识,诸如系统的构造、系统的性能 、系统的运行条件、系统中能量、物质和信息的流动情况等。

与系统设计、运行、维护等有关的知识、经验和各种标准、规范、规程等。

关于对象系统中的危险源及其危害方面的知识。

(2)危险源辨识方法可以粗略地分为对照法和系统安全分析法两大类:

①对照法。与有关的标准、规范、规程或经验相对照来辨识危险源。

a. 安全检查表。运用已编制好的安全检查表,对组织进行系统的安全检查,可辨识出存在的危险源。

b. 询问、交谈法。与危险货物运输车辆的相关人员交流,获取危险源资料。

c. 现场观察法。到危险货物储罐区、接卸区、危险货物运输车辆停靠区观察各类设施、场地,分析操作行为、安全管理状况等获取危险源资料。

d. 问卷调查。问卷调查是通过事先准备好的一系列问题,通过到现场察看和与人员交谈的方式来获取职业健康安全危险源的信息。

e. 查阅相关记录。查阅组织的事故、职业病的记录,可从中发现存在的危险源。

f. 获取外部信息。从有关类似组织、文献资料、专家咨询等方面获取有关危险源信息加以分析研究可辨识出组织存在的危险源。

g. 工作任务分析。通过分析组织成员工作任务中所涉及的危害,可识别出有关的危险源。

②系统安全分析法。系统安全分析是从安全角度进行的系统分析,通过揭示系统中可能导致系统故障或事故的各种因素及其相互关联来辨识系统中的危险源:

a. 危险与可操作性研究。危险与可操作性研究是一种对工艺过程中的危险源实行严格审查和控制的技术，它是通过指导语句和标准格式寻找工艺偏差，以辨识系统存在的危险源，并确定控制危险源的对策。

b. 事件树分析。事件树分析是一种从初始原因事件起，分析各环节事件“成功（正常）”或“失败（失效）”的发展变化过程，并预测各种可能结果的方法，即时序逻辑分析判断方法。应用这种方法对系统各环节事件进行分析，可辨识出系统的危险源。

c. 故障树（事故树）分析。故障树分析是一种根据系统可能发生的或已经发生的事故结果去寻找与事故发生有关的原因、条件和规律。通过这样一个过程分析，可辨识出系统中导致事故的有关危险源。

❺ 风险评价方法

按照风险评价结果的量化程度，评价方法可分为定性风险评价法和定量风险评价。常见的风险评价方法有两种：专家现场询问观察法和作业条件危险性评价法（LEC 法）

1）专家现象询问观察法

由专业人员组成专家评价小组对辨识出的危险源进行风险评价，定性判断该风险发生的可能性以及一旦危害事件发生后所带来的后果，并确定该危险源的风险级别，参考评价准则如下：

（1）曾经发生过且无良好控制措施的重大事故或事件，评为不可容许风险。

（2）曾经发生过已制定有效控制措施的重大事故或事件评为重大风险。

（3）违反法律法规的预计可能导致的事故结果在重伤或重伤以上的评为不可容许风险。

（4）违反法律法规的预计可能导致的事故结果在重伤以下的

评为重大风险。

(5)相关方强烈抱怨的事故或危害事件评为重大风险。

除上述5项以外的事故或危害事件评为一般风险。

2)作业条件危险性评价法(LEC法)

对于一般风险源的评估采用本方法。

(1)判定准则。

①危险性指数大于320的,确定为一级。

②危险性指数大于或等于161但小于或等于320的,确定为二级。

③危险性指数大于或等于71但小于或等于160的,确定为三级。

④危险性指数大于或等于20但小于或等于70的,为四级。

⑤危险性指数小于20的不列入等级。

(2)判定方法。作业危险性指数是下列三个因素的乘积:

$$危险指数\ D = L \times E \times C$$

式中:L——发生危险事件的可能性(表5-1);

E——作业者在危险环境下的状况(表5-2);

C——事故的可能后果(表5-3)。

发生危险事件的可能性(L)　　表5-1

L	分　数
完全预料到	10
相当可能	6
不经常,但可能	3
意外,很少可能	1
可以设想,但极少可能	0.5
极不可能	0.2
实际上不可能	0.1

作业者在危险环境中的状况(E)　　表5-2

E	分　值
连续处在危险环境中	10
每天在有危险的环境中工作	6
每周一次在危险环境中工作	3
每月一次在危险环境中工作	2
每年一次在危险环境中工作	1
极难出现在危险环境中工作	0.5

事故的可能后果(C)　　表5-3

现　象	可能后果	分　值
大灾难	多人死亡	100
灾难	数人死亡	40
非常严重	一人死亡	15
严重	严重致残	7
重大	手足伤残	6
较大	受伤较重	3
引人注目	轻伤	1

危险指数评价见表5-4。

危险指数评价(D)　　表5-4

D	危险程度	风险等级
>320	极度危险,不能继续作业	不可容许风险
161~320	高度危险,要立即整改	重大风险
70~160	显著危险,需要整改	重大风险
20~70	一般危险,需要注意	一般风险
≤20	稍有危险,可以接受	一般风险

3)定性或定量的风险评估方法

(1)公司安全管理部门应组织对危险性较大的储存、运输、危险性较大的路线等进行风险评估，确定风险等级，编制风险评估报告。

(2)风险评估报告经单位批准后向公司报备。

(3)风险等级分为4级：包括一般（Ⅰ级）、较大（Ⅱ）、重大（Ⅲ）及特大（Ⅳ）风险。

❻ 风险控制

1)风险控制原则

风险控制措施应首先考虑风险消除的原则，然后再考虑风险降低的措施（降低风险概率，降低伤害潜在的严重程度），将使用个体防护措施作为最后的手段。

2)重大危险源

(1)对评价出的重大危险源，各部门要分析原因，实施纠正及预防措施。

(2)依据《危险化学品重大危险源辨识》构成重大危险源、Ⅲ级及以上风险的活动必须严格执行相关安全生产的法律法规的要求。

(3)对于存在技术、资金问题的风险源，职能部门将分期列入当年或来年的整改方案进行整改。

(4)公司安全管理部门建立重大危险源管理台账。

3)一般危险源

(1)一般危险源由基层单位和从业人员按要求进行风险控制，从业人员执行国家法律法规标准规范和操作规程。

(2)基层单位要建立一般危险源管理台账，根据危险源的特点进行分时分级控制。

❼ 危险源的控制

(1)重大危险源所在单位重点控制，公司和基层单位定期进行检查汇报。

(2)一般危险源所在部门严格控制,基层人员定期检查。

(3) 检查人员应认真填写检查记录,对于检查中发现的问题和隐患,应采取防范措施并限期整改。

(4)公司安全管理部门负责按要求上报备案重大危险源工作。

(5)公司安全管理部门组织有关部门对危险源对应岗位制定监控组织措施,措施中要求明确职责、岗位人员培训、防护器具配置要求及安全控制措施。

(6) Ⅲ级及以上风险的危险货物的装卸及运输活动的风险控制应符合下列规定:

①重大风险源的监控与防治措施、应急预案经公司安全副总工程师或安全管理部门负责人签字审批。

②定期针对不同类型的重大危险源或危险源进行相关的培训训练、教育考核,并记录。

③适时组织对典型的重大风险源开展应急救援演练。

❽ 危险源的编号和标志

1)危险源编号

(1)重大危险源由公司统一编号,按重大危险源进行管控。

(2)一般危险源由各基层单位参照公司编号的原则自行排列编号。

2)危险源标志

重大危险源,要设立醒目的危险源标志及相应的应急救援预案,并悬挂在明显位置,以便提示。

3)标志内容

标志牌上定好名称、编号、危害及责任者,并写清注意事项(提示)。其中:

(1)名称——危害部分称谓。

(2)地点——所在位置、岗位。

(3)危害——可能引起的事故危害。

(4)责任人——危险部位负责人。

(5)注意(提示)——注意事项或预防事故的主要措施。

❾ 危险源的更新

(1)企业每年至少应进行一次危险源的重新识别和风险评价工作。

(2)当发生下列情况时,要及时进行危险源的重新识别与风险评价,以确保相关资料的有效性。

①法律、法规及自身要求发生变化。

②经营形式发生变化。

③设备、设施、技术发生变化。

④运输装卸作业现场发生变化。

⑤运输装卸作业方式发生变化。

企业的危险源辨识是一个持续进行的过程,需要企业在经营过程中不断地进行更新,定期进行危险源的辨识和危险有害因素的识别。

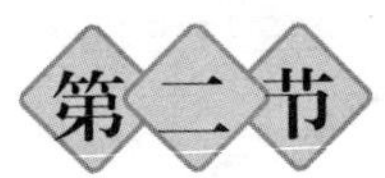

第二节　驾驶员、押解员、其他运输参与人员的不安全行为

目前我国机动车保有量巨大,驾驶人员数量超过2亿人。庞大的驾驶族群,不安全的驾驶行为导致交通事故频发,伤亡惨重。根据数万件伤亡事故的统计表明,由人的不安全行为所导致的事故占88%,由驾驶员直接责任造成的交通事故占事故总数的70%~90%。因此有效控制驾驶员不安全驾驶行为,可以有效降低事故发生的概率,最大限度地减少交通事故,达到安全行驶的目的,

是进一步落实道路运输企业安全生产主体责任的重要工作，也是交通运输管理部门的监管重点。而危货运输不同于普通道路运输，由于车辆运载货物往往具有较大危害性，发生事故后会造成二次事故，对相关人员、货物、车辆、环境等造成较大影响。

不安全行为的现象及成因：驾驶员不安全行为主要有超速、超载、超时疲劳驾驶；弯道行驶占线、超速、不鸣笛：违章超车；越线占道行驶：逆向行驶；高速公路不按规定车道行驶、不按规定停放车辆、上下旅客；酒后驾驶；行驶中接、打手机或与人交谈；行驶中抽烟、捡拾物品；穿拖鞋驾驶；视力不好、反应慢、身体状况不佳继续驾驶；安全防范意识差、驾驶过程中抱侥幸心理冒险行驶、走神、注意力不集中、观察不及时不仔细等。这些不安全行为容易引发道路交通安全事故，其结果往往是车毁人亡，损失惨重。

分析驾驶员不安全行为产生的原因：一是驾驶员的安全意识问题和心理、生理因素；二是道路运输企业监督和管理不到位。运用技术手段加强驾驶员不安全行为的监管和增强驾驶员的安全意识，能有效减少和控制驾驶员不安全行为的发生，控制事故的发生，避免和减少人员伤亡和财产损失。网络电子技术和安全人机工程的运用给道路运输企业控制驾驶员不安全行为的发生提供了有力的技术支持，为企业更好地履行安全生产主体责任提供了保证。

人的行为对交通的影响造成交通事故的原因主要由人、车、路和环境四个基本要素组成。在这四个基本要素中，人是控制交通事故的关键因素。结合我国交通实际，通过对人的行为因素的分析，阐述人的行为对道路交通安全的影响，并有针对性地提出控制道路交通事故发生、改善道路交通安全的措施。

影响道路交通安全的因素主要有人、车、路和交通环境四个方面。根据各国交通事故的统计资料分析得出，交通事故中有

80%～90%是人的因素造成的，人已成为控制交通事故的关键因素。结合我国交通实际，通过对人的行为因素的全面分析，提出了有效预防和控制道路交通事故发生，改善道路交通安全的措施。

一、人的行为因素对道路交通安全影响分析

驾驶员行为因素对道路交通安全的影响分析：在汽车行驶时，驾驶员行为是由信息感知、信息判断决策和作业反应组成的一个不断反复进行的信息处理过程，亦即感知作用于判断后影响到作业反应。造成驾驶员不安全的行为因素主要有心理原因，如思想不集中、产生错觉、个性不良、情绪不稳定等；生理原因：如疲劳、体力、视力、酒精作用、运动机能、年龄。资料表明，因疲劳产生的事故占1%～1.5%；有关事故报告表明，因疲劳瞌睡而发生的车祸，占人身伤害事故的14.9%，占死亡事故的20.6%。驾驶员技能对道路交通安全的影响：驾驶员驾驶技能的欠缺是导致我国交通事故率居高不下的主要原因之一。大量交通事故资料的统计分析表明，超速行驶、疏忽大意、措施不当、不按规定让行以及违章占道行驶是驾驶员引发交通事故的重要原因，由于这五种原因引发的交通事故占每年交通事故总数的45%以上。交通事故资料的进一步分析表明，因超速行驶所引发的交通事故，多是由于在高速的情况下不能采取相应的正确措施引起的，其深层次的原因是缺乏相应的驾驶技能。疏忽大意引发的交通事故虽有驾驶员主观方面的原因，但和驾驶技能也有关系，在疏忽大意的情况下驾驶员往往会遇到许多紧急情况需要其采取紧急措施，驾驶技能好的驾驶员在这种情况下会采取相应的措施从而避免事故的发生，但驾驶技能不好的驾驶员则不能做到这一点，从而导致了事故的发生。通过驾驶员的年龄结构分析发现，年轻驾驶

员引发的交通事故较高，其根本原因也在于其驾驶技能的欠缺，在复杂多变的道路交通情况下不能采取有效措施所致。

❶ 道路管理等客观原因对道路交通安全的影响

我国道路交通事故率高的另一主要原因是道路交通管理法规不健全、交通安全意识淡薄、违章行车、交通主管部门对道路交通设施的设置认识不足所致。如对超速行驶、超载、占道行驶、随意停车、闯红灯、非法并道、酒后驾车、拖拉机、助力车随意在快速路上行驶等违章操作缺乏有效的监督。在20世纪90年代至今，我国高速公路交通事故发生率是一般公路的4倍，而国外只有一般公路的1/4～1/3，其根本原因与道路的交通管理、宣传力度不够，人们对安全交通的认识不足等因素有关。对社会各层面的交通安全教育，要针对不同对象，采取不同的方式和方法，有的放矢地进行。

❷ 运输驾驶员的安全教育

机动车驾驶员安全教育应包括以下主要内容：

(1)安全技术知识教育：主要有车辆结构与性能知识，重点为车辆一般结构知识、车辆制动、转向性能与安全行车的关系等；正确制动车辆技能；超车、会车、通过交叉口、复杂道路条件下行车、装载、停车、防火等交通安全行驶知识；车辆日常维护、运行维护等维护知识，特别是对涉及安全机件的检查知识、交通事故的基本知识等。

(2)职业道德教育：职业道德是社会道德的主要方面，它包括对职业的认识、职业感情、职业理想和职业习惯等具体内容。驾驶员职业道德表现为自觉遵守《中华人民共和国道路交通安全法》、礼貌相让、关心客货安全、爱护车辆和文明行车等方面。

(3)针对性教育：即针对部分驾驶员的重点教育，主要对象包括下列两种人。

①多事故或处于事故期的驾驶员。交通事故与驾驶员的驾龄有一定关系,统计数据表明,新驾驶员在驾车开始 2 ~3 年里发生事故的情况最多,所以这一时期为驾驶员的多事故期。究其原因有技术和心理两方面的因素。另有研究表明:一段时期的事故,往往集中在少数驾驶员身上,这些驾驶员就称多事故驾驶员。

②违章受处分的驾驶员。驾驶员严重违章除给予适当处分外,还应及时对其进行教育,避免今后再发生类似事件。

应加强道路交通管理立法工作,要以建设具有中国道路交通及其管理特点的道路交通法规体系为目标,加快立法,并以《中华人民共和国道路交通安全法》为基础和依据,抓紧制定与之相配套的法规和结合地区特点的实施细则。

❸ 加强交通安全管理与车辆控制

(1)科学设置道路标志、标线,保持其功能适时有效,为道路交通使用者提供清晰明确和有效的道路交通信息。

(2)运用现代监控设施,强化交叉口的交通流组织和疏导,可有效地减少平面交叉口的交通事故。

(3)将某些因路面窄未能通车的街道组织单向交通,可减少交叉口上的冲突,减少车与车、车与人的冲突与事故发生的潜在危险。

(4)改善路况,清除障碍物,保证视距畅通,对瓶颈峰腰地段予以拓宽。

(5)设置诱导性标志或各种视线诱导物,使道路去向明显,以便驾驶员能预知前方路况,采取正确适当的应对措施。

完善交通安全设施性别差异等;技能原因,如操作有困难、技能不熟练等主观原因以及管理原因,如规章制度不健全、操作规程不落实等;设施环境原因,如路面状况、道路设施、气候条件不佳等;社会原因,如生活条件、家庭情况、人际关系不佳等客观原因。驾驶员心理与生理因素对道路交通安全的影响:驾驶员心理特征主要指驾驶员本身的心理素质以及在特定行车环境中的心理活动,既有主观上的性格、气质、意志等因素,也包括受外界人为或特定环境影响下的情绪反应等。就性格而言,若驾驶员具有较强的安全行车意识,以及在行车中遇到意外情况时,小心谨慎,处理问题坚决果断等,将有利于提高道路的交通安全性。驾驶员的情绪对其行为有着直接的影响,愉快、舒畅的心情有助于集中精力、提高反应速度和驾驶潜能。而意志是一个人性格的体现,好的驾驶员应具备遵守交通规划、提高行车安全的自觉性,同时又要有好的自制能力和韧性。驾驶员的性格、情绪、意志等对道路交通安全的影响不是孤立的,彼此间具有一定的联系。在实际工作中,应避免出现盲目心理、侥幸心理、逞强心理、逆反心理、保险心理、急躁心理、骄傲心理等不良的心理活动。驾驶员的生理素质是适应各种艰苦环境和复杂交通状况的基础。生理素质主要包括听觉、视觉、反应能力、身高、年龄等。实际研究表明,交通事故的发生与驾驶员的年龄、生理状况之间有着直接的关系,其中疲劳驾驶对交通安全的危害最大。

二、提高道路交通安全的措施

人的行为因素对道路交通安全有着重大影响。由于以往对人的行为因素,特别是交通心理方面的研究较少,对心理因素导致的道路交通事故估计不足,从上到下,由外及内,有关领导、交警、驾驶员以及教育、宣传等各个方面对该项工作没有引起足够重视。因此应加强驾驶员职业道德和安全教育,提高驾驶员心理素质,树立其对人民生命财产高度负责的思想。

人的危险有害因素分析表见表5-5。

人的危险有害因素分析表

表 5-5

岗位	危险有害因素	导致后果	预防措施
驾驶员	酒后驾车	车辆受损、人员伤害	(1)驾驶员应严格遵守公司交通安全管理制度; (2)出车前对驾驶员进行检查,严禁酒后出车; (3)加强对驾驶员的安全培训
	带病驾车	车辆受损、人员伤害	(1)督促驾驶员坚持执行出车前、行车中、收车后的“三检”制度; (2)认真检查车辆和各部件; (3)保持车辆技术状况良好
	驾车吃饭、抽烟、玩手机、接打电话等注意力分散	车辆受损、人员伤害	(1)驾驶员要杜绝不良行为; (2)做到驾车时不吸烟、饮食和接听、拨打手机,查看信息
	掉头时忽视后面的车辆和行人	车辆受损、人员伤害	(1)掉头时,应开启左转向灯,选择适当时机和开阔地点,注意观察前后来车和障碍物; (2)不得在铁道路口、交叉路口、弯路、陡坡、隧道等地段掉头
	强行超车、危险超车	车辆受损、人员伤害	(1)超车时应开左转向灯并鸣号,夜间要用近远光灯示意,待前车让道后在超越; (2)在超车过程中与被超越车横向间距小,有挤撞的可能时要慎用紧急制动,防止侧滑发生碰撞
	会车时忽略视线盲区	车辆受损、人员伤害	(1)坚持“礼让三先”靠右行驶的原则; (2)会车时注意对方来车外,应随时做好停车准备,防止来车后视线盲区有行人或自行车突然跑出
	倒车未注意看后视镜,及视觉盲区	车辆受损、人员伤害	倒车时应发出倒车信号,观察周围环境,必要时下车察看

续上表

岗位	危险有害因素	导致后果	预 防 措 施
驾驶员	乱停放车辆	车辆受损、人员伤害	(1)车辆停放时,须按指定地点停放; (2)上下坡停车离人,应垫好三角木,挂入前进或倒挡; (3)在夜间或风雨、雪、雾天,车辆发生故障及交通事故临时停车时,须开示宽灯和尾灯及在来车方向按规定距离支三脚架
	车速过快或超速	车辆受损、人员伤害	(1)严禁超速行驶; (2)严格按照地方法律法规的要求速度行驶; (3)加强教育培训
	有突发性疾病	车辆受损、人员伤害	(1)每年定期进行员工体检; (2)督促驾驶员坚持执行出车前、行车中、收车后的“三检”制度
	长时间驾车、身体疲劳	车辆受损、人员伤害	(1)坚持劳逸结合,驾车外出时要注意休息,保证足够的睡眠; (2)驾驶员连续驾驶时间不得超过4h,每天累计驾驶时间不得超过8h,要进行严格监控
	睡眠不足,身体不适	车辆受损、人员伤害	(1)坚持劳逸结合,驾车外出时要注意休息,保证足够的睡眠; (2)驾驶员连续驾驶时间不得超过4h,每天累计驾驶时间不得超过8h,要进行严格监控
	闯红灯或抢灯	车辆受损、人员伤害	(1)不许争道抢行,支路车让干路车先行; (2)加强教育培训,严格遵守交通规则,安全驾驶; (3)不得闯红灯,抢灯
	情绪不佳/不稳定	车辆受损、人员伤害	(1)驾驶员应正确认识不良情绪对驾驶的影响,及时转变情绪; (2)出车前对驾驶员情绪引导,不可携带不良情绪出车; (3)加强对驾驶员的安全培训

续上表

岗位	危险有害因素	导致后果	预防措施
驾驶员	过度疲劳	车辆受损、人员伤害	(1)坚持劳逸结合,驾车外出时要注意休息,保证身体健康; (2)驾驶员连续驾驶时间不得超过4h,每天累计驾驶时间不得超过8h,要进行严格监控; (3)加强体育锻炼
	加油过程误操作,静电起火	火灾爆炸,人车受损	(1)自己加油作业前,必须穿戴作业防护用品; (2)人体静电释放,车辆静电接地
	麻痹心理	车辆受损、人员伤害	(1)开展安全教育,培养良好的心理素质; (2)要求驾驶员正确看待自己的业务技术水平,不高估自己的技能,低估客观困难,克服盲目乐观,胆大心粗的缺点
	急躁心理	车辆受损、人员伤害	(1)在任务重、时间紧或完成任务快到家、约会等情况下,易产生急躁情绪,不顾行车环境,违章蛮干; (2)押运人员要及时提醒与制止
	逆反心理	车辆受损、人员伤害	教育驾驶员按章行车,正确对待批评,不要因对领导或交警的批评、处罚,对乘车人不满产生逆反心理故障违章肇事
	逞强心理	车辆受损、人员伤害	克服自以为技术精、行车经验多、从未发生过事故的麻痹思想,提高对安全行车的警惕
	自信心理	车辆受损、人员伤害	(1)开展安全教育,培养良好的心理素质; (2)要求驾驶员正确看待自己的业务技术水平,不高估自己的技能,低估客观困难,克服盲目乐观,胆大心粗的缺点

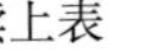

续上表

岗位	危险有害因素	导致后果	预防措施
押运员	活动过大，干扰驾驶员	车辆受损、人员伤害	(1)针对押运人员加强教育培训，严禁干扰驾驶人员正常作业； (2)建立岗位操作规范或制度，尽量良好引导
	抽烟等异常举动引起驾驶舱内异常状况	车辆受损、人员伤害	(1)驾驶舱内严禁烟火等规范制度； (2)建立驾驶舱内遵守制度规范
	分散驾驶员注意力或误导驾驶员	车辆受损、人员伤害	(1)加强押运员的培训教育，提高职业素养； (2)严禁闲谈无关话题
	驾驶员误操作未及时提醒	车辆受损、人员伤害	(1)提高押运员的风险防范意识，建立安全一体的意识； (2)加强对驾驶基本操作的培训，熟悉驾驶操作
	危险环境未及时提醒	车辆受损、人员伤害	(1)提高押运员的风险防范意识，建立安全一体的意识； (2)加强对驾驶基本操作的培训，熟悉驾驶操作
装卸员	未佩戴安全防护措施，导致中毒或伤害	人员伤害	(1)加强职业健康安全培训教育； (2)加强员工对危险货物的熟悉程度，并建立安全意识
	操作不当，导致货物泄漏	车辆受损、人员伤害	(1)加强安全操作规程的培训； (2)建立安全操作制度，严格遵守
	未进行静电连接，静电起火	火灾爆炸，人车受损	(1)加强车辆作业前的检查，做好准备工作； (2)加强安全教育、技术措施的普及
	货物固定不牢，无牢固措施，货物倾倒泄漏	车辆受损、人员伤害	(1)加强安全培训教育，严格遵守各项规章制度； (2)驾车前严格进行车辆检查，防止安全隐患的存在； (3)对货物进行固定，严禁货物可移动

续上表

岗位	危险有害因素	导致后果	预防措施
装卸员	货物密封不符合要求，导致货物泄漏	车辆受损、人员伤害	(1)加强安全培训教育，严格遵守各项规章制度； (2)驾车前严格进行车辆检查，防止安全隐患的存在； (3)对货物进行固定，确定货物封口严密
	操作不当、导致货物标志标识脱落	车辆受损、人员伤害	(1)加强安全培训教育，严格遵守各项规章制度； (2)发车前对货物进行安全检查，严禁标志不全的货物发车
车辆例检员	工作马虎大意，车辆及货物隐藏故障未检测出	车辆受损、人员伤害	(1)加强安全培训教育，严格遵守各项规章制度； (2)严格执行安全检查制度
	消防器材配备不足	车辆受损、人员伤害	(1)加强安全培训教育，严格遵守各项规章制度； (2)加强消防器材的配备，定期检查补充
	驾驶人员身体或心理异常，未阻止	车辆受损、人员伤害	(1)加强安全培训教育，严格遵守各项规章制度； (2)车辆及人员异常状况严禁外出
	车辆检维修过程，误操作	车辆受损、人员伤害	(1)加强安全培训教育，严格遵守各项规章制度； (2)按照操作规程进行操作
装卸管理员	未对员工进行岗前教育	车辆受损、人员伤害	(1)加强安全培训教育，严格遵守各项规章制度； (2)严格进行岗前教育，并记录在案
	未对装卸人员操作进行管理	车辆受损、人员伤害	(1)加强安全培训教育，严格遵守各项规章制度； (2)集中学习安全操作规程
	未清理作业场地或对作业区域进行限制	车辆受损、人员伤害	(1)加强安全培训教育，严格遵守各项规章制度； (2)对操作区域场所进行清理，严格控制无关人员进入

续上表

岗位	危险有害因素	导致后果	预防措施
车辆引导员	对车辆进行错误引导，车辆停放不适当	车辆受损、人员伤害	(1)加强安全培训教育，严格遵守各项规章制度； (2)对引导员进行考核考试，考试不合格者严禁上岗作业
	指示信号或手令错误，误导驾驶员	车辆受损、人员伤害	(1)加强安全培训教育，严格遵守各项规章制度； (2)采取明确的指令信号，加强对指令信号的学习
	引导无序，与其他车辆发生碰撞	车辆受损、人员伤害	(1)加强安全培训教育，严格遵守各项规章制度； (2)建立有序的引导作业流程及车辆顺序表，进行有序引导
GPS监控员	未能根据监控显示，针对驾驶员错误行为进行实时提醒	车辆受损、人员伤害	(1)加强安全培训教育，严格遵守各项规章制度； (2)及时针对驾驶员错误操作进行警告
	态度不端正，未真实有效地对监控进行查看	车辆受损、人员伤害	(1)加强安全培训教育，严格遵守各项规章制度； (2)按时对监控进行查看
	监控损坏或镜头画面不全，未及时修正	车辆受损、人员伤害	(1)加强安全培训教育，严格遵守各项规章制度； (2)及时修正更换监控
	未针对实时状况上报或作出正确反应，导致事故扩大	车辆受损、人员伤害	(1)加强安全培训教育，严格遵守各项规章制度； (2)及时上报相关管理人员
车队队长	驾驶员技术业务不熟练	车辆受损、人员伤害	(1)加强安全培训教育，严格遵守各项规章制度； (2)对驾驶员定期进行实际操作学习，实际考核不合格者不予通过
	驾驶员思想麻痹大意	车辆受损、人员伤害	(1)加强安全培训教育，严格遵守各项规章制度； (2)加强安全意识教育，纠正不良心态
	车辆未按照规定路线行驶	车辆受损、人员伤害	(1)加强安全培训教育，严格遵守各项规章制度； (2)严格按照规定线路行驶，不得擅自更改线路，违规者进行处理

危险货物运输车辆、行李物品的不安全状态、行李物品及货物的不安全因素

道路运输过程中，车辆、行李物品及货物也是不安全因素，主要表现在车辆本身特点引发的行车不安全因素，车辆结构、技术状况的不安全状态及车内物品、车载货物存在的危险三个方面的内容。

一、车辆本身特点的不安全因素

道路运输车辆本身结构、行驶特点等与其他机动车存在很大差异，如果驾驶员不了解这些差异，不注意这些差异性和特殊性给运输安全带来的风险，交通事故便很有可能发生。具体见表5-6。

危险源——车辆本身的行车不安全状态　　表5-6

分类	危险源	具体表现
结构存在风险	车体庞大（车身长宽高数值较大），运载质量、体积较大	（1）转弯、倒车、停车、超车等占用多车道； （2）重心高，体积大易侧翻； （3）遇软路肩、危桥，易压垮道路设施及路桥本身
	车辆存在视觉盲区	驾驶员看不到盲区行人、车辆
行驶特点存在危险	与其他车辆之间存在减速差	高速公路小客车与大货车、大客车的设计车速与限制车速不同，存在绝对速度差，迫使其他车辆频繁变化车道，超车，加大风险
	内外轮差大	转弯时碰撞、刮擦内侧行人或其他车辆
	加速性能差	加速慢，被其他车辆追尾
	惯性大、制动距离长	前方有紧急情况，减速不及时

二、车辆技术状况的不安全状态

车辆技术状况的不安全状态主要包括车辆技术状况不良和安全装置失效，具体见表5-7、表5-8。

危险源——车辆技术状况不良　　表5-7

分类	危　险　源	具 体 表 现
技术状况	制动劣化或失效	不能即时制动或车辆失控
	转向不良或失效	不能按意图转向
	照明、信号装置不良	(1)前照灯损坏，照明受影响，夜间行驶无法观察路况； (2)转向灯不亮，专项意图无法控制
	侧向稳定性差	车辆在横向车道行驶，或进行超车转弯等操作时易发生侧滑或侧翻
	车辆悬架、减振系统缺陷	车辆经过坑洼路面，颠簸颤动严重，造成人员不适，货物移动、脱落或碰撞
	车速表故障	驾驶员不能准确控制行车速度
	轮胎磨损严重、有裂纹或扎入杂物	(1)车辆在行驶过程中车辆附着力不够，制动距离延长； (2)易发生爆胎
	发动机故障	(1)车辆无法正常起动； (2)车辆抛锚、应急停车影响其他车辆通行； (3)车辆中途停火，无法正常操控
	车辆的电路接头裸露在外	出现接头打铁现象，产生大量的打铁火花，打铁火花与油罐车表面的油气接触，便会引起燃烧，进而造成火灾和油罐爆炸事故。在装卸油过程中更容易发生
	危货运输槽车顶部无阻火器、呼吸阀、排气火花熄灭器等装置	火星迸出引起火灾爆炸事故

续上表

分类	危　险　源	具 体 表 现
技术状况	危货运输槽车储槽内无金属分隔	储槽内应有若干金属板分隔，使罐体具有足够的刚度，并能减少车辆行驶时液体不致剧烈晃动、摩擦而产生静电
	危货储罐车卸油管尾端低于卸油阀门口	罐内油品未卸净，卸油阀门未关紧，易造成油品泄漏，污染环境或发生交通事故；卸油管内残留的油品，逐渐地滴落在道路和停车场，造成污染或发生事故
	货厢运输车辆内无离子感烟火灾探测器	货厢内部应具有良好的感烟雾报警性能。当有烟雾发生时，应在 3min 内感烟火灾探测器报警，驾驶室内置报警装置，报警声音强度 100dB 以上
	爆破器材运输车辆缺少抗爆容器	抗爆容器宜装在后舱内。隔离墙的厚度不应小于 80mm。墙的夹层内应装入能吸收爆炸冲击波能量且不燃（或阻燃）的材料；安装抗爆容器时，泄爆孔的位置应避免与汽车底盘的重要零部件相对峙。在发生事故时缓冲爆炸能量

危险源——车辆的安全装置失效　　表 5-8

分类	危　险　源	具 体 表 现
主动安全装置失效	视镜损坏	视镜损坏，相关人员观察道路状况受到影响
	刮水器失效	刮水器无法正常使用，影响视线
	喇叭失效	其他车辆人员或交通参与人员接收不到交通信号
	遮阳板、遮阳余部破损或缺失	（1）阳光直射，影响驾驶员观察道路； （2）照射危货物品，暴晒或过度照射温度过高导致火灾爆炸； （3）遮雨布破损或缺失使危货物品淋雨导致发生反应；

续上表

分类	危 险 源	具 体 表 现
主动安全装置失效	遮阳板、遮阳余部破损或缺失	(4)危货运输车辆在行车途中发生故障，或者在实行夏时制，所规定的时间内不能卸油时，车辆应停放在阴凉处或遮阴篷里
	防抱死制动系统(ABS)等安全装置失效	车轮抱死、车辆侧滑
	排气管、消声器漏气或无防火罩	排气管和消声器漏气，排气系统有破损或裂缝，出现漏气后，有可能出现缸体内积炭火星外排的问题，在装卸油区内就有可能发生火灾或爆炸事故。也有可能因罐漏油发生火灾事故。排气管应加防火(星)罩，并宜设在车头位置(易燃液体装卸操作一般在车尾部及侧部)，防止因火星迸出导致火灾爆炸事故
	灯光损坏或效果不全	正常行驶时无法向出其他车辆给出正常信号或反馈信号，导致事故
	运输瓶装物品的车辆通风装置和固定装置不全	未安装通风装置和固定装置，通气不畅或逸发气体堆积，引起火灾爆炸；货物不固定，引起振动或偏移，引发事故
	无紧急切断装置或紧急切断装置故障	事故状态或紧急情况下无法进行切断，导致事故发生或扩大
被动安全装置失效	安全气囊损坏	车辆发生碰撞等事故时，气囊不能正常弹开，驾驶员所受危险性增加
	安全带损坏	车辆发生碰撞等事故时，无法束缚驾驶员和副驾位置人员，遭受严重的伤害
	保险杠损坏	发生碰撞事故，无法吸收缓和外界冲击力，防护驾驶人员
	座椅安全头枕损坏或掉落	紧急制动或车辆发生事故时，驾驶人员头部无保护，容易受伤

续上表

分类	危　险　源	具体表现
被动安全装置失效	风窗玻璃损坏	影响驾驶员视野，容易发生交通事故
	灭火器、警告标志等缺失	紧急情况下无法自救
	防静电链条或导静电橡胶拖地带装置缺失或未接地	易产生静电地区，静电无法释放容易引起火灾，发生爆炸
	反光条破损或丢失	车辆罐体两侧和尾部都贴有反光条，夜间行驶提醒尾随车辆本车的宽度、高度、所运物品，避免超车、尾随时，判断失误而发生事故

第四节　特殊道路、危险区域的危险性

危险货物运输过程中，除运输车辆本身性能、驾驶人员的心理生理状态有关原因外，还和运输车辆通过道路有很大关系，在不同的道路路段由于其自身特点，存在不同的危险性。道路的不安全因素主要包括典型道路的不安全因素、特殊路段的不安全因素及路面通行条件不良。

❶ 从事长途危货运输

典型道路的不安全因素见表5-9。

危险源——典型道路的不安全因素　　　表5-9

分类	危　险　源	具体表现	图　例
山区道路	连续上下坡	车辆连续下坡转弯，频繁制动，易导致制动失效；车辆上长坡，使发动机温度过高，或换挡不当，引起发动机熄灭或溜车	

续上表

分类	危险源	具体表现	图例
山区道路	路窄弯急	山体遮挡,无法全面观察来车情况;行车速度控制不合适,车辆驶出路外;超车、会车危险性大等	
	安全防护设施不完善	道路安全防护设施不完善,车辆易冲出道路	
	山体滑坡	阻挡道路或直接造成事故	
	云雾缭绕	秋冬季节或高海拔山路有云雾,视线受阻,无法看清路况	
高速道路	相对封闭、控制出入、单向行驶、无平面交叉、路况好、车速高、车流量大	速度高,制动停车距离长,易发生连环撞车事故;车辆在高速公路上长时间高速行驶,驾驶员极易疲劳,车辆性能易发生变化;长时间在高速公路上驾驶,	

续上表

分类	危　险　源	具体表现	图　　例
高速道路		驾驶员对速度的感知能力下降,易超车行驶;车辆重心较高、速度快,遇突发情况下易侧滑、侧翻;长时间单向直线行驶引发眩晕	

❷ 特殊路段的不安全因素

交叉路口、隧道、桥梁、城乡接合部及临时修建道路等特殊路段的外观、构造及特征与一般路段有很大差异,车辆经过时容易出现事故,驾驶员必须提高警惕。特殊路段的危险源辨识表见表 5-10。

危险源——特殊路段的不安全因素　　表 5-10

分类	危　险　源	具体表现	图　　例
临时修建道路	建设等级较低、压实度低,沉降不足、平整度差	车辆易倾翻、沉陷	
	周边地形复杂及交通情况混乱	畜力车、人力车、低速汽车、摩托车等频繁出现,带来风险	
交叉路口	车辆地形复杂及交通情况混乱	驾驶员忽视盲区,易碰撞、刮擦交叉路口其他车辆、行人等	

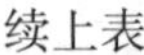

续上表

分类	危险源	具体表现	图例
隧道	长隧道内光照不足，能见度低	驾驶员未开启前照灯、车辆抛锚易引发碰撞事故	
	隧道较窄、限制高度	驾驶员强行超车，易引发撞车事故；车辆货物过高易碰撞出入口	
	隧道口结冰	车辆易失控，发生侧滑	
	隧道出入口明暗变化	驾驶员短暂失明，无法观察道路信息	
	出口横风	影响驾驶员的控制	
立交桥、环岛	方向多、出口多、车流量大	易迷失方向、选择错误道路；错过出入口；过于紧张，导致事故	
桥涵	路宽限制	车流量大或路面情况不良（如湿滑、结冰等），车辆易驶出桥面，坠落桥下等	
	限制轴重	重载大型车辆载重超过限制，使桥梁垮塌	
	横风影响	较大横风影响车辆的正常行驶轨迹	
路旁有高大建筑、树木的道路	驾驶员视线被遮挡	驾驶员容易忽略路口拐入的车辆、闯入的行车或骑车人，易发生碰撞事故	
	交通信号灯、标志等被遮挡	驾驶员未注意到被遮挡的信号灯，误闯红灯；驾驶员未注意到被遮挡的标志，发生危险	

续上表

分类	危险源	具体表现	图例
城乡接合部路段	各种交通工具汇聚，人车混杂	三轮车、畜力车、骑车人、行人多，驾驶员无力全面观察，易发生碰撞、刷擦事故	
	交通安全设施不完善	交通信号、标志标线缺乏或损毁，通行无指示，易发生碰撞等事故	
	临时市场占道经营	买卖双方不注意来往车辆	
	交通参与者安全意识差	交通参与者不懂或不遵守交通规则，给安全行车带来威胁	

❸ 路面通行条件不良

在施工路面、障碍路面、涉水路面及冰雪路面等道路上行驶，危险性较高，驾驶员要格外注意安全，见表5-11。

危险源——路面通行条件不良 表5-11

分类	危险源	表现形式	图例
施工道路	道路中断或变窄	行车道减少，车辆急减速；通行车辆多，通行速度突然变慢，车辆不及时减速易发生追尾事故	
	路面有砂石	车辆制动距离延长或弯道易侧滑	
	无施工标志或未设置	距离施工地点很近时才发现道路施工，应急处置不当引发事故	

续上表

分类	危险源	表现形式	图例
路障	道路上有掉落或卸载的货物	来不及躲闪或紧急制动躲闪造成事故	
	故障车未及时转移或交通事故车辆占据道路	未发现路障,躲避不及发生事故;或躲避时与其他车辆碰撞	
	农作物占道晾晒	车辆滑动,制动性能降低,发生事故	
冰雪路面	路面摩擦系数低、平整度差	车辆易发生侧滑	
	对阳光的反射率极高	大雪后,雪地反射日光,刺激眼睛,导致雪盲症,影响观察	
涉水路面(漫水桥、过河路、道路积水)	水过深	未查清水情即涉水行驶,易使车辆熄火、电气设备受潮	
	水下有泥沙	车辆打滑或陷于水中	
	水中有尖锐物	车胎被尖锐物扎破	
	水流速度过快	车辆行驶轨迹发生偏移或被冲走	
凹凸路面	路面凹凸不平	车辆颠簸,使驾驶员和押运员不适,或货物泄漏、洒落;车辆长时间在凹凸不平路面行驶,性能易下降	
	路面有较大凸起、深坑等	由于道路失修或局部地壳活动使地面出现深坑或凸起,躲避不及,引发事故	

特殊路段、危险区域主要是指易发生各类突发事故对运输车辆及人员造成危害的区域，这些区域可能是环岛、高架桥、山区道路、高原区域也可能是其他易发生事故的区域，这一类区域已发生的事故与本区域特点相关。

山区道路特点是地势险恶，有时靠近悬崖山体，或者道路坡度大、弯道多、半径小，有些坡道和弯道重叠，道路的视距往往不足。车辆在长时间下坡行驶，由于频繁使用行车制动，会使制动蹄磨损严重和制动鼓过热，影响制动效能。使用行车制动也容易发生制动侧滑，在靠山傍崖的山区侧滑又会增加危险性。在上坡过程中，由于动力不足或驾驶员判断失误或协调不慎容易发生行进向后溜车或起步向后溜车现象。因此在坡道上行驶应保持足够的安全行车间距。山区道路的转弯半径一般较小，车辆在转弯时，若车辆控制不当，将产生较大的离心力，易发生横向翻车或撞山坠崖等恶性事故。山区道路的坡道和弯道重叠处较多，为控制车速而采取双脚制动容易使转向失灵，在离心力的作用下又会发生侧滑而导致事故，因此在转弯处尽量少的使用行车制动，应采用辅助制动（发动机排气制动、电力或液力下坡缓行器等）。

高原地区的道路除了具有严寒和山区道路的特点外，还有一个特点就是海拔高、气压低。这不仅使车辆的燃油经济性能和动力性能下降，而且对车辆的制动性能也有较大的影响。具有气压制动装置的车辆在高原地区使用时，由于海拔高，空气密度小，空气压缩机的进气量减少，供气压力不足，使制动性能减弱，不能保证安全制动。因此，在行车过程中必须经常注意气压表的指示，若气压较低，应停车空转发动机增大储气筒压力，保证制动效能。海拔较高处，水的沸点降低，车辆在长上坡时发动机在较大负荷下工作，常常出现冷却液沸腾和发动机过热现象。由于气压低，发动机过热，汽油极易蒸发，使油路中形成气阻，从而中断燃油的供给。下坡时又会发生过冷现象而损坏散热器。大气压力降低，

轮胎气压相对增大,容易损坏轮胎。

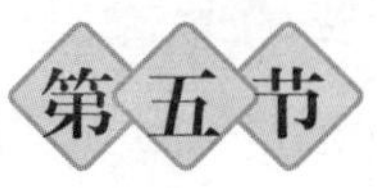

第五节 夜间、大雾、暴雨等特殊天气及自然灾害的不安全因素

夜间、大雾、暴雨等特殊天气及其他类型的自然灾害等,改变了车辆的正常行车环境,危险性极高,易引发事故。危货运输驾驶员要充分了解这些危险源的特点及风险,在行车过程中更好的躲避有害因素,达到安全无事故的状态。

一、夜间的不安全因素

夜间行车会使驾驶员的道路观察能力下降,极大地增加了事故的发生可能性,驾驶员必须认识到夜间驾驶环境的特殊性,提高警惕,防止危险发生,见表5-12。

危险源——夜间　　表5-12

分类	危　险　源	表现形式	图　　例
夜间	行驶环境黑暗	路灯损坏,视线受影响;视野范围变小、视距变短;会车时,其他车辆开远光灯,产生炫目;夜间行驶容易疲劳等	

夜间行车驾驶员只能看清前照灯所照射的前方空间,而对周围环境的视觉认识性很差,往往看不清两侧的情况而发生交通事故。由于前照灯和太阳光的照射方式不同,驾驶员往往不能及时分辨道路的凹凸线形、弯道、交叉口和路面缺陷等道路状况,而导致交通事故的发生。因此,夜间行车驾驶员必须集中精力,仔细

观察道路状况。夜间会车时，由于对面来车前照灯的照射，容易使驾驶员有炫目感，视力下降很多，有时不能发现右侧的行人或障碍物，不能正确判断对面来车的左边缘位置，导致事故的发生。为保证夜间行驶车辆的安全，车辆前照灯采用自动变光装置控制。

二、特殊天气的不安全因素

特殊天气主要包括雨雪天气、大雾天气和高温天气等，特殊天气常常给安全行车带来巨大的威胁。导致在特殊天气里道路运输车辆的事故发生率较平常天气有明显增加，驾驶人应充分了解特殊天气的特点及特殊天气行车时存在的风险。具体见表5-13。

危险源——特殊天气　　表5-13

分类	危险源	表现形式	图例
雨天	光线昏暗，能见度低	视线受影响，无法观察道路状况	
	常伴有雷电、大风	雷电劈倒或大风刮倒路边树木，或击到尾货运输车辆，形成事故	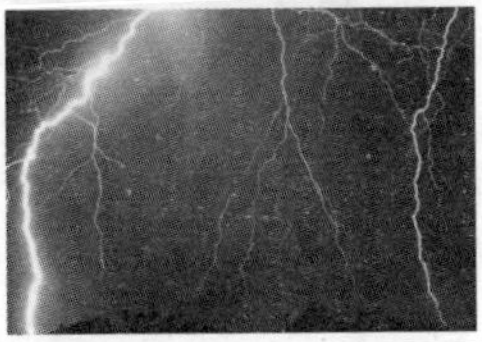
	路面湿滑、泥泞	降雨导致道路塌陷或变得松软，车辆容易陷入；车辆发生侧滑；车辆制动距离变长	

续上表

分类	危险源	表现形式	图例
雨天	气温低于0℃	车辆制动距离变长；车辆侧滑	
	水网地区路面积水反光	远近驶来的车辆误判断，高速驶入发生侧滑	
雪天	视线不良	驾驶员视线受影响，观察道路受阻	
	路面被积雪覆盖或有融雪	车辆起动时，车轮打滑，起动困难；行驶过程发生侧滑；车辆在道路上行驶难以分辨道路线、道路边缘	
大雾天气	能见度低	观察道路困难，易发生追尾事故；长时间大雾中行驶易疲劳	
高温天气	温度过高	驾驶员疲惫、困倦、脾气暴躁；轮胎压力高，易发生爆胎；车辆电器元件、货车货物自燃；冷却液温度过高，损坏发动机；制动易失效	

我国北方冬季气温较低，道路常被冰雪覆盖，车辆的制动性能变差。气温对车辆其他使用功能也有影响，不利于行车安全。

冰雪路面的附着系数很低，车辆在冰雪道路的制动距离将大大延长，往往是一般干燥沥青路面的 3 ~4 倍，使制动非安全区扩大,容易发生事故。因此,在冰雪路面上行车,应该在车轮上安装防滑链来控制制动距离的延长。在冰雪路面也会有制动侧滑现象的发生,车辆在发生侧滑后,往往导致交通事故,因此,在冰雪路面上行车,制动装置的技术状况一定要完好,制动时应尽量使前、后轮都同时制动,减轻或防止制动侧滑。

夏季温度过高,容易使轮胎气压增大,使轮胎软化,行驶中容易爆胎。由于长时间照晒或运输车辆防晒功能不良导致危险货物发生物理或化学变化,导致事故发生。因此,在夏季一定要注意防止运输货物的照晒,采用高温时间段不出车,运输车辆配备防晒设施。

雨天雾天路面潮湿,会使制动距离延长,紧急制动时特别容易产生侧滑,不利于行车安全,因此尽量避免紧急制动,必要时采用发动机制动。雨天雾天对驾驶员的视线影响严重,尤其是大雾天,能见度很低,驾驶员看不清道路状况和周围的环境,容易发生事故,对于复杂的道路条件,危险性更大,因此在进行车辆检查时,风窗玻璃上的防雾灯、前照灯、灯尾灯要保持良好的技术状况。雨天道路上的其他交通参与者的安全行为与无雨天气不同。行人和骑自行车的人员往往是低头猛跑或猛骑自行车而不注意观察道路往来车辆。或者由于雨帽或雨伞遮挡了耳朵或视线,再加上雨声的干扰,使他们感觉不到汽车的到来。因此,雨天行车的驾驶员一定要多加注意行人和骑自行车者的交通行为。

三、自然灾害的不安全因素

我国各区域地质不同,因此根据地域形成各地不同的自然灾害。道路运输驾驶员应了解自然灾害的特点和可能对道路运输造成的不良影响,正确对待自然灾害。具体见表5-14。

危险源——自然灾害　　表 5-14

分类	危　险　源	表现形式	图　　例
沙尘暴	风力大	被大风吹起的物体易击中车辆；使车辆偏离行驶轨迹	
	能见度低	飞扬的沙尘阻挡驾驶员视线	
	路面有沙土	路面布满沙土，使车辆发生侧滑	
台风	风力能量巨大，伴有暴雨	路边树木、广告牌等被刮倒，使易砸中汽车或阻碍交通；使汽车偏离行驶轨迹或侧翻	
地震	能量大，破坏性大	车辆在行驶过程中突发地震，路面出现裂缝，车辆易掉入裂缝；被倒塌的建筑物砸中，发生撞车等事故	
泥石流、山体滑坡	爆发突然，来势凶猛，破坏力大	车辆躲避不及被泥石流掩埋；泥石流、山体滑坡使交通瘫痪	
雹灾	来势凶猛，发生快，强度大，伴有狂风骤雨	冰雹、降雨、大风影响视线，地面湿滑，车辆易发生撞车等事故	

第六章 应急救援

危险货物运输是一项专业性比较强、工作比较复杂的工作。由于危险货物本身所具有的易燃、易爆、腐蚀、毒害等特性，一旦发生运输事故，在没有得到及时且正确的现场处置，不仅会造成甚至加大人员伤亡和财产损失，还会扩大到污染附近区域的水土资源和生态环境，造成不可挽回的巨大损失。由于危险货物（尤其有毒性物质）具有的特性，对环境造成污染毒害后，很难一次性根除，土壤水源空气植被等难以在较短时间内恢复，事故后往往要花费很大力气进行解决。

 第一节 应急救援基础知识

（1）事故应急救援的总目标是通过有效地应急救援行动，尽可能地降低事故的后果，包括人员伤亡、财产损失和环境破坏等（图6-1）。事故应急救援的基本任务包括下述几个方面：

图6-1 应急救援

①立即组织营救受害人员,组织撤离或者采取其他措施保护危害区域内的其他人员。抢救受害人员是应急救援的首要任务。在应急救援行动中,快速、有序、有效地实施现场急救与安全转送伤员,是降低伤亡率、减少事故损失的关键。由于重大事故发生突然、扩散迅速、涉及范围广、危害大,应及时指导和组织群众采取各种措施进行自身防护,必要时迅速撤离出危险区域或可能受到危害的区域。在撤离过程中,应积极组织群众开展自救和互救工作。

②迅速控制事态,并对事故造成的危害进行检测、监测,测定事故的危害区域、危害性质及危害程度。及时控制住造成事故的危险源是应急救援工作的重要任务。只有及时地控制住危险源,防止事故的继续扩展,才能及时有效地进行救援。特别对发生在城市或人口稠密地区的化学事故,应尽快组织工程抢险队与事故单位技术人员一起及时控制事故继续扩展。

③消除危害后果,做好现场恢复。针对事故对人体、动植物、土壤、空气等造成的现实危害和可能的危害,迅速采取封闭、隔离、清洗消毒、监测等措施,防止对人的继续危害和对环境的污染。及时清理废墟和恢复基本设施,将事故现场恢复至相对稳定的状态。

④查清事故原因,评估危害程度。事故发生后应及时调查事故发生的原因和事故性质,评估出事故的危害范围和危害程度,查明人员伤亡状况,做好事故原因调查,并总结救援工作中的经验和教训。

(2)规范企业安全生产事故应急管理,提高处置安全生产事故能力,在事故发生后,能迅速有效、有序的实施应急救援,保障员工和顾客生命和财产安全,减少损失,并确保在意外情况发生时,抢救队员和全体员工能有条不紊地按照应急预案、迅速及时地抢救伤员,最大限度地降低伤亡、伤害程度,企业应在发生突发事故时能够应对状况，各岗位尤其是驾驶员、押运员人员、装卸人员能够行之有效的实施，避免事故的发生和扩大。

①危货运输企业应急救援指挥部是突发事故应急管理工作的最高领导机构，负责突发事故的应急管理工作，负责履行值守应急、信息汇总和综合协调职责，发挥运转枢纽作用。

②公司应急救援队伍负责安全生产事故的应急救援工作。

③公司安全管理部门负责全面组织应急救援的具体工作。

④危货运输公司各部门依据相关程序文件、公司内部管理制度和各自的职责权限，负责相关类别突发事故的应急管理工作；具体负责相关类别的突发事故专项和部门应急预案的起草与实施，贯彻落实公司有关决定事项。

⑤危货运输公司应成立"应急救援指挥部"，成员包括主要负责人、分管负责人、各职能部门负责人等，并指定分管安全负责人为各项安全生产应急救援管理工作的负责人。

应急救援指挥部总指挥由经理担任，副指挥由安全储运部经理担任，下设通信联络组、后勤保障组、抢险救灾组、安全保卫组、医疗救护组等。

应急救援指挥部成员及职责如下。

a. 总指挥：总经理。

(a)全面负责应急处理的指挥和协调，对事故与灾害的紧急处置迅速做出判断与决策；

(b)复查和评估事故(事件)可能发展的方向，确定其可能的发展过程；

(c)指挥现场人员撤离，确保任何伤害者都能得到足够的重视；

(d)决定事故现场是否实行交通管制，协助场外应急机构开展服务工作；

(e)与场外应急机构取得联系及对紧急情况的处理做出

安排；

(f)及时向上级安全管理部门报告重大伤亡事故应急处理工作；

(g)在紧急状态结束后，加速受影响地点的恢复，并组织人员参加事故的分析和处理；

(h)负责组织制定安全技术培训教育和训练，使员工掌握应急救援技能。

b. 副指挥职责：

(a)协助总指挥工作，负责组织编写项目总体应急预案，提出抢险报修及避免事故扩大的临时应急方案和措施；

(b)指导抢险报修实施应急方案和措施并修补实施中的应急方案和措施存在的缺陷；

(c)评估事故的规模和发展态势，建立应急步骤，确保员工的安全和减少设施和财产损失；

(d)审核危货运输的安全技术交底资料，发生应急救援事件时为总指挥决策提供技术支持；

(e)组织绘制事故现场平面图，标明重点部位，向外部救援机构提供准确的抢险救援信息资料；

(f)总指挥不在现场时代行工作。

c. 通信联络组。

(a)设立与应急中心的通信和联络，为应急服务机构提供建议和信息；

(b)负责事故或灾害的紧急救险、救灾与处置情况的通信指令的传达，保证领导指挥机构与各成员之间，本单位与上级和周边单位之间（如地方消防、医疗机构）信息及时沟通，完成调度、汇报、通告与救援工作；

(c)负责在整个救险救灾过程中与遇险人员的家属联络和接待，做好精神和生活上的安抚工作；

(d)负责对外消息的发布与澄清事宜；

(e)负责保险索赔事宜的处理，做好善后事宜；

(f)负责应急过程的会议、记录与整理，应急事件结束后向应急领导小组提交会议记录报告。

d.后勤保障组。

负责应急所需的机械、装备、材料、生活保障物资的供应、组织、调集工作。

e.抢险救灾组。

(a)在第一时间内组织现场安全抢险救灾工作，对抢救过程中的工艺设备、管线以及电力等进行调整和控制，并及时报告应急救援指挥机构报告现场情况；

(b)负责组织医疗人员对事故现场受伤人员的临时抢救和临时处置，并协助医护人员护送重伤员到相应的医疗机构治疗；

(c)抢险抢修或救援结束后，直接报告最高管理者并对结果进行复查和评估；

(d)负责组织调查事故经过，查明事故原因，提出防范措施并提出对事故责任者的处理意见；

(e)应急事件结束后向应急领导小组提交抢险救灾实施报告。

f.安全保卫组。

(a)事件发生后组织警戒保卫人员封闭事故现场、隔离事故或灾害区域；

(b)负责保护现场、组织人员对事故现场照相取证；

(c)负责维持秩序、疏通交通等工作；协助、配合政府有关部门对伤亡事故的处理。

g.医疗救治组。

(a)负责在外部救援机构未到达前，对受害者进行必要的抢救(如人工呼吸、包扎止血、防止受伤部位受污染等)；

(b)区分伤重程度,使重伤受害者优先得到外部救援机构的救护;

(c)协助外部救援机构转送受害者的治疗效果,并将治疗进展情况及时反馈给应急领导机构,以便领导及时做出决策。

⑥应急救援队伍的建立。原则上应急救援指挥部应组织建立与本单位生产安全特点相适应的应急救援队伍,为保证专业化要求,公司与沿线附近具备专业资质的应急救援队伍签订服务协议。

⑦预警机制。各部门要针对各种可能发生的突发事故,完善预测预警机制,建立预测预警系统,开展危险源辨识、环境因素识别和风险评价工作,做到及时发现、及时报告、妥善处置。每个应急人员必须在岗位能熟练使用两个以上预警电话或其他报警方式。尾货运输车辆驾驶人员、押运人员除自身具备的手机等通信设施外,还应有专用通信设施,如卫星电话等,防止在突发状况下通信不通。

根据危险源辨识、环境因素识别和风险评价预测分析结果,对可能发生和可以预警的潜在突发事故进行预警。预警级别依据突发事故可能造成的危害程度、紧急程度和发展势态,一般划分为三级:公司级(重大:可能产生特别严重后果)、部门级(较大:可能产生严重后果)和基层单位级(一般:可能产生较重后果)。

预警信息包括突发事故的类别、地点、起始时间、可能影响范围、预警级别、警示事项、应采取的措施和发布级别等。

预警信息的发布、调整和解除经有关领导批准可通过有线广播、信息网络、警报器;特殊情况下目击者可大声呼叫、敲击能发出较强声音的器物或打电话的方式进行。

⑧应急处置。

a.信息报告。重大突发事故发生后,各事发源的第一目击者必须立即报告有关部门领导,最迟不得超过10min,同时报告专职人员和专业部门。应急处置过程中,安全管理部门应指定专人负责及时向有关部门续报有关情况。

b. 先期处置。突发事故发生后,事发源的现场人员与增援的应急人员在报告重大突发事故信息的同时,要根据职责和规定的权限启动相关应急预案,及时、有效地进行先期处置,控制事态的蔓延。

c. 应急响应。对于先期处置未能有效控制事态的重大突发事故,要及时启动相关预案,由相关应急指挥机构或工作组统一指挥或指导有关部门开展应急处置工作。

现场应急指挥机构负责现场的应急处置工作,并根据需要具体协调、调集相应的安全防护装备。现场应急救援人员应携带相应的专业防护装备,采取安全防护措施,严格执行应急救援人员进入和离开事故现场的相关规定。

需要多个相关部门共同参与处置的突发事故,由安全科牵头统一指挥,其他部门予以协助。

⑨现场事故应急处理的首要任务是控制和遏制事故,从而防止事故扩大到附近的其他设施,以减少伤害。在处理事故时要坚持以下原则:

a. 消除事故原因;

b. 阻断泄漏;

c. 把受伤人员抢救搬运到安全区域;

d. 危险范围内无关人员迅速疏散、撤离现场;

e. 事故抢险人员应做好个人防护和必要的防范措施后,迅速投入排险工作。

(3)事故发生后,要迅速划定事故现场隔离区范围,防止无关人员误入现场造成伤害,同时要做好隔离区的交通疏导工作。

①事故得到控制后,要立即对现场进行消毒并迅速成立事故调查小组,在对现场进行采取摄像、拍片等取证分析后,由总指挥

下达解除应急救援的命令。在涉及周边社区和单位的疏散时，由总指挥通知周边单位负责人员或者社区负责人解除警报。

②救援小组、事故发生当事人必须在24h内组织召开事故分析会（特殊情况可以延期，最多不超过3天），救援小组必须在召开事故分析会的48h内将处理结果报公司领导，处理结果将在现场进行通报，让全体员工受到教育。

③应急保障。各有关部门要按照职责分工和相关预案做好突发事故的应对工作，同时根据总体预案切实做好应对突发事故的人力、物力、财力、运输、医疗卫生及通信保障等工作，保证应急救援工作的需要，以及恢复工作的顺利进行。

a. 人力保障。企业安全储运部们等各相关部门是应急救援的专（兼）职队伍和骨干力量。要加强应急救援队伍的业务培训和应急演练，建立联动协调机制，提高装备水平；动员全员有组织的参与应急救援工作。

b. 财力保障。要保证所需突发事故应急准备和救援工作资金。对受突发事故影响较大的单位和个人要及时研究提出相应的补偿或救助政策。

c. 物资保障。要建立健全应急物资监测网络、预警体系和应急物资生产、储备、调拨及紧急配送体系，完善应急工作程序，确保应急所需物资和生活用品的及时供应，并加强对物资储备的监督管理，及时予以补充和更新。

d. 交通运输保障。要保证紧急情况下应急交通工具的优先安排、优先调度，确保运输安全畅通；要建立紧急情况交通运输工具的调用程序，确保抢险救灾物资和人员能够及时、安全送达。

e. 要指定或建立与人员相适应的应急避险场所，完善紧急疏散管理办法，明确各级责任人，确保在紧急情况下员工安全、有序地疏散。

要采取必要的防护措施,严格按照程序开展应急救援工作,确保作业人员和应急救援人员的安全。

f. 医疗保障。会同120急救中心,积极组织现场救援,及时把伤员送到医院抢救。

④监督管理。

a. 预案演练。各部门要结合实际,有计划、有重点地组织对相关预案的演练。每年至少进行一次,并做好演练过程的原始记录。

b. 培训教育。由安全管理部门负责协助组织有关部门,进行应急法律法规和预防、避险、自救、互救、减灾等常识的培训,增强员工的忧患意识、社会责任意识和自救、互救能力。对应急救援和管理人员进行专业培训,提高其应急专业技能。保持培训记录。

第二节　突发事件应急处置

在道路危险货物运输过程中会涉及各种类型的突发事故,如恐怖袭击、车辆抛锚、车辆碰撞、恶劣天气等,各种类型的突发事故具有不同的特点,由于事故发生原因不同导致的危害事故会有较大差异,但结果都会导致车辆的车身受损、车辆侧翻、危险货物泄漏(或引起车辆相关人员和周边群众中毒、环境大气污染),甚至起火爆炸等。

一、突发事件处置

在交通事故的各类应急处理工作中,必须遵循"快速反应、迅速抢救"的原则,最大限度地降低伤亡和损失。做到正确判断、正确处理,防止事态扩大。充分做好通信、交通、后勤保障工作、现场防护,确保应急预案的顺利实施(图6-2)。

❶ 造成交通事故类型和危害程度分析

1)造成交通事故的风险来源

图6-2　突发事件处置

(1)路面情况:冰雪路面、湿滑路面、乡村路面等原因造成的交通事故。

(2)气候环境:狂风暴雨、大雾弥漫、酷暑炎热、冰寒严冬等原因造成的交通事故。

(3)地理环境:高原山区、连续弯道、狭窄车道、山体滑坡等原因造成的交通事故。

(4)设备因素:未及时消缺、维护不达要求、修理质量低劣等原因造成的交通事故。

(5)生理因素:酒后开车、疲劳驾驶、视力欠佳、听力不济、年高迟钝等原因造成的交通事故。

(6)违规运输:超载、超高、超长、装载重心偏离等原因造成的交通事故。

(7)操作因素:超速行驶、弯道超车、占道行驶、麻痹驾驶、判断失误等原因造成的交通事故。

(8)其他因素:除上述因素以外的其他交通事故。

2)交通事故的影响及后果

(1)给驾驶员及司乘人员造成身体伤害。

(2)给家属亲友造成心灵创伤。

(3)造成恶劣社会影响。

(4)给企业带来重大财产损失。

(5)给周边环境大气水资源土壤造成污染。

❷ 交通事故分级

根据国务院发布的《中华人民共和国道路交通安全法实施条例》的规定并结合《中华人民共和国道路交通安全法》:“根据人身伤亡或者财产损失的程度和数额,交通事故分为轻微事故、一般事故、重大事故和特大事故。”

(1)轻微事故,是指一次造成轻伤 1 ~ 2 人,或者财产损失机动车事故不足 1000 元,非机动车事故不足 200 元的事故。

(2)一般事故,是指一次造成重伤 1 ~ 2 人,或者轻伤 3 人以上,或者财产损失不足 3 万元的事故。

(3)重大事故,是指一次造成死亡 1 ~ 2 人,或者重伤 3 人以上 10 人以下,或者财产损失 3 万元以上不足 6 万元的事故。

(4)特大事故,是指一次造成死亡 3 人以上,或者重伤 11 人以上,或者死亡 1 人,同时重伤 8 人以上,或者死亡 2 人,同时重伤 5 人以上,或者财产损失 6 万元以上的事故。

❸ 交通事故应急救援机构及职责

1)应急救援指挥机构

(1)企业成立交通事故应急救援指挥部。由企业相关负责人作为企业应急救援指挥小组组长,企业其他相关成员为应急救援指挥小组成员。

(2)企业交通事故应急救援指挥小组下设工作组,分别为应急救援组和善后处理组,组长分别由企业相关管理负责人员担任,并对应相关人员为各小组组员。

2)企业相关管理各部门工作职责

(1)安全管理部门储运部的应急职责:

①当发生轻微、一般交通事故时,负责应急部署。

②当发生人身伤亡重大、特大交通事故时,需派员亲临现场,指挥应急救援。

③应紧急向上级有关部门报告应急工作情况。

④负责督促公司内有关部门做好善后事宜。

⑤负责做好交通事故中伤亡人员家属的安抚、安置等善后工作。

⑥参与重大、特大交通事故的调查处理。

(2)综合部(或办公室)等相关类部门的应急职责:

①负责人身伤亡重大、特大交通事故应急信息的编辑。

②负责人身伤亡重大、特大交通事故应急信息的发布。

③负责接受有关部门对人身伤亡重大、特大交通事故情况的询问。

(3)财务部门的职责:负责抢救伤员所需资金的支付和善后所需资金的拨付。

❹ 交通事故应急处理程序

当事人职责:

(1)信息报告:拨打交通事故报警电话(122 或 110)或向附近的公安机关或执勤民警报案;向保险公司报案;同时向公司领导报告。

(2)报案要点:报案要做到迅速、及时,言简意赅。一要简要说清突发交通事故的案情、时间、地点;二要概要交通事故造成的人员伤亡、财产破坏、交通堵塞情况;三要通报报警人姓名和联系电话。

(3)现场措施:停车,关闭发动机,拉紧驻车制动操纵杆,切断电源,开启应急灯;夜间需开启示宽灯、尾灯;在高速公路上,需在肇事点两头按规定设置危险警告标志;做好防火防盗措施。

(4)现场抢救:若发生伤亡事件,立即呼救急救中心(医疗急救求助电话:120 或 110),求救过往车辆帮助;若现场发生火灾,呼救消防部门(火灾求救电话:119 或 110)。

(5)现场保护:做好现场原始状态,车辆、人员、遗留物痕迹、散落物等不得随意挪动位置。为现场抢救伤必须移动位置的,应做好原始位置标记,不得故意破坏、在交警部门未达之前,可用绳索等设置警戒线,以保护现场。

(6)配合处理:当事人必须如实向公安交通管理机关陈述事发经过,不得隐瞒、歪曲交通事故的真实情况,积极配合协助交警部门做好事故处理及善后工作,并听候处理。

5 交通事故应急响应

1)响应分级

根据《道路交通事故等级划分标准》及人身伤亡或财产损失的程度,交通事故分为轻微事故、一般事故、重大事故和特大事故。

2)响应程序

交通事故应急响应启动条件:

(1)交通事故为轻微事故的响应。

①不启动本预案。

②事故现场当事人按交通事故应急处理程序进行;综合部以通信方式与当事人保持联系,并做出相应部署;派出相关人员赶赴现场指导工作并配合交警部门做好事故处理工作。

③将交通事故情况报告相关领导及相关部门。

(2)交通事故为一般事故的响应。

①由应急指挥部启动应急救援预案,组织应急救援所需人员和必要物资等迅速赶赴现场进行现场处理。

②安全储运部做好应急准备,随时调动相关部门做出进一步

的应急救援。

③综合管理部门负责随时获取现场事故处理工作信息，并做出部署。

④各部门随时向公司相关领导汇报事故处理情况。

(3)交通事故为重大、特大事故的响应。

①由公司应急指挥部启动本应急预案。

②安全储运部等相关部门应急救援人员迅速赶赴现场，由安全储运部负责部署指挥应急救援工作。

③应急总指挥与事故现场建立通信联系，负责做出各项应急决策，指导现场事故的应急处理。

④现场应急救援人员在现场指挥员的领导下，积极抢救伤员，就近快速地转送当地医院。

⑤根据现场需要派出厂级现场协调组和专家组。

⑥协调财务部门，做好医疗费用支付工作。

⑦通知综合部工作人员安抚和慰问伤亡人员家属。

⑧视现场具体情况，求援各级力量和各方资源，积极开展事故现场救援工作，必要时求助现场当地政府部门。

3)响应启动

启动本预案时，应由应急指挥部宣布。

4)响应行动

响应行动前，由总经理召集召开应急会议，由安全储运部门负责人担任前线指挥员，组建现场工作组。

❻ 应急结束

1)应急结束条件

(1)伤员抢救成功或成功送至医院。

(2)车载物资及财产安全转移。

(3)交警部门现场出险结束。

(4)受损车辆送达汽车修理厂。

(5)清点应急救援人员、回收抢险物资。

(6)危险区域危险清除,污染或剧毒物质清理工作结束。

2)应急救援工作总结

(1)交通事故现场应急救援结束后,由站级总指挥做出事故善后工作安排,并将交通事故应急救援工作情况总结后向上级汇报。

(2)由安全储运部组织对本次交通事故应急救援工作进行总结评价,提出改进意见。

7 交通事故应急救援物资配备

交通事故应急救援物资配备是开展应急救援工作必不可少的条件,是实施快速救援的保障。安全储运部、综合部门、车队及车辆责任驾驶员应定期检查交通事故应急救援物资配备,使其始终处于良好状态。

二、恶劣天气状况应急措施

如遇暴风雪等恶劣天气,道路状况达不到车辆通行要求,气象组及信息组要将信息及时反馈给预案指挥部,由指挥部责令车队对运线路进行察看,确定哪些线路确实达不到通行要求,再将信息反馈给指挥部,由指挥部决定采取停运或调整路线等措施,由信息组将信息通知给这些线路的经营者与驾驶员,对违反规定继续营运的车辆,要严厉查处,从重处罚。

第三节　火灾爆炸

危险货物容易发生燃烧、爆炸事故,且危险货物本身及其燃烧产物大多具有较强的毒害性和腐蚀性,极易造成人员中毒、灼伤等伤亡事故(图6-3、图6-4)。从事危险货物运输作业的人员应熟悉危险货物发生火灾的原因,有针对性地采取相应的防范措施,把事故隐患隔绝扼杀在源头,从而可以有效地降低燃烧、爆炸等事故的发生。

图6-3　火灾事故救援

图6-4　爆炸品消防救援

一、常见火灾事故类型

从道路危险货物运输发生的火灾事故来看,一般可将火灾事故分为以下6类。

❶ 气体火灾

气体火灾是从管道或其他设备中泄漏出来的可燃气体（如煤气、天然气、液化石油气、乙炔气等），被点燃而发生的火灾。在很多情况下，泄放出来的可燃气体与空气混合后形成燃爆性混合物，在一定浓度遇到点火源就发生燃烧爆炸，危害很大。

❷ 油品火灾

原油、煤油汽油、苯、酒精等易燃品、可燃液体所发生的火灾都属于油品火灾。这种火灾大多是由于储罐或运输容器的泄漏所引起的，或者是废弃的油品着火导致的。

❸ 可燃物火灾

如建筑物、家具车辆可燃遮挡、木材、纸张、纤维、纺织品、涂漆物件等固体可燃物的火灾都属于可燃物火灾。

❹ 电气火灾

电缆线、电火花、电动机等电气设备设施的使用导致的火灾都属于电气火灾。

❺ 金属火灾

镁、铝等金属粉在空气中具有燃烧性质，遇到点火源可能发生火灾。

❻ 其他类型火灾

如敞开的散装火药燃烧而引起的火灾。

二、着火源

在多数的状况下，危险货物的着火源大致可以分为以下5类。

❶ 明火

火焰、火星、电弧和灼热的物体等敞开的明火有很高的温度和很大的热量释放,是引起火灾的最主要的着火源。

❷ 摩擦和冲击

危险货物在装卸或运输途中车辆的摩擦和冲击往往成为爆炸物品、氧化性物质、易燃气体、蒸气、可燃粉尘的着火而导致爆炸的根源。

❸ 电气设备引起的着火或爆炸

电火花是引起易燃气体、蒸气、可燃粉尘着火爆炸的一个主要着火源。配电开关、电灯等类的电气设备的接触不良以及导线短路时,均能产生电火花。此外,外露灼热的电炉丝、较大负荷的电气线路,也能发热引起火灾。

❹ 静电释放

静电电荷产生的火花,常为危险货物运输车辆发生火灾爆炸的一个根源,产生静电荷的原因是电介质相互摩擦或电介质与金属摩擦而产生的。如:传动带转动;粉尘、液体和气体电介质沿导管流动或以容器抽出或注入时;喷出的可燃气体由于带有粉尘、雾滴或铁锈粉末,因与容器壁摩擦而带电喷出的氢气多次着火、爆炸事故时;固体电介质被粉碎或液体喷成雾状时;两种材料紧压,其中之一是电解质时。

大部分易燃、可燃液体是电气绝缘性高的液体。严寒的冬季和炎热的夏季,天气干燥,最容易产生静电,静电电压可以高达300V,放电的火花可以使汽油蒸气着火。如加油站使用聚氯二烯抽油管,且未设置有油气回收系统,从起油桶向地下储罐注入油气时起火。油槽汽车的爆炸事故,多数是由于产生静电放电时的火花所引起的。

❺ 自燃发热

化学反应时放出的能量，也是引起物质着火、爆炸的原因之一。

三、火灾爆炸事故预防

对于防止火灾爆炸事故的发生和扩大的手段，有预防、限制、灭火和疏散等措施。

❶ 预防措施

预防火灾事故发生的措施比较简单，只要把可燃物质、氧气或氧化性物质、着火源三者分开，恰当地管理好他们，使这三者之间没有结合的机会，就不会在人们非情愿状况下发生起火和造成火灾。因此，对于可燃和助燃物质的危险物质，以及发生火的条件要具备足够的知识，把消防工作的重心要以防为主，兼防治结合。

1）明火

（1）具有火灾爆炸危险性的处所禁止吸烟和携入火柴、打火机、打火枪等火种，不得使用明火作为照明。在相关运输车辆周边进行隔离，严禁相关物品靠近。

（2）盛装易燃液体或气体的容器、管道等进行明火修理工作前（电气焊接、切割、喷灯、熔炉），必须先经过有关部门的批准，安全技术部门应该进行检查，严格执行动火作业制度。修理前，必须打开一切孔洞，先用水蒸气、氮气或其他惰性气体进行吹洗，再用清水或空气进行吹洗。电焊作业中，搭铁不能与易燃易爆的液体或气体的容器、管道连接，应该独立搭铁。由于金属导电，有可能在容器内的间隙或接头处形成电弧，造成爆炸。注意应将连接管道拆卸隔离或用金属盲板隔离，防止易燃液体、气体和蒸气进

入检修的设备和管道内，以防止在进行动火作业点火时发生爆炸或燃烧。

2）摩擦和冲击

轴承摩擦发热，铁器和零件撞击，钢铁工具、带铁钉的鞋与混凝土地坪摩擦、撞击、铁桶容器爆裂时，均能产生火花。气体压缩时亦释放出热能。

容易分解的易燃易爆物质，一经摩擦、冲击，即能发生爆炸。如雷汞、乙炔银、叠氮铅以及氯酸盐和赤磷等。

搬运储存盛装易燃气体和液体的金属容器时，禁止在土地上抛掷或拖拉，并防止铁桶相互撞击，以免发生火花。研磨、粉碎特别容易分解、起火、爆炸的物质时，应灌充惰性气体，以减少设备内空气的含氧量。储罐、管道和化工厂生产设备应保持密闭，严防跑、冒、滴、漏；对输送管道应尽量少用或不用凸缘接头；所有垫圈必须保证良好。

3）电气设备引起的火灾和爆炸

具有易燃易爆危险的厂房和仓库内的所有电气动力设备和照明装置，必须遵守电气安全规程，并应该符合防火、防爆的要求。

4）静电放电

防止易燃液体、气体和粉尘产生静电而起火的基本措施，是将设备、导管和容器安装可靠的接地设备以及增高厂房内或设备内空气的湿度，当相对湿度在75%以上时，即有可能防止静电的积聚。

液体在管道内流动的速度不应过大，一般不超过5m/s。灌注液体时，应防止产生液体飞溅和剧烈搅拌的现象。向储罐输送非易燃液体的导管，应放在液面之下或将液体沿容器的内壁缓慢流下，以免产生静电。人员进入危险货物储存、装卸场地，不应穿化纤工作服。因为化纤工作服的摩擦，会使人体或工作服带电而产生火花。

5)自燃发热

浸透干性植物油的纤维或金属锯屑能在空气中进行氧化反应,应按时清除。

黄磷以及石油储罐清除后的活性硫化铁等能在空气中氧化而自燃。遇水燃烧物质(如钾、电石)与水作用能生成可燃气体而着火,储存此类物质应该避免与水接触,如钾、钠应浸在石油中储存。

某些可燃物质受氧化性物质或酸的剧烈氧化作用,能自行发热燃烧(如浓硝酸与乙醇、高锰酸钾与甘油等)。凡相互作用的物质,应该隔离储存。

❷ 限制措施

一旦发生了火灾事故,应事先采取措施限制其蔓延扩大。主要措施有:使建筑物采用非燃烧物质或难燃烧物质建造;应设置防火墙、防火门、防油堤、防液堤、隔水火封井等;建筑物之间或易燃易爆危险货物储存场所与建筑物之间留有适当的防火间距;将某些易燃液体储罐设置于地下或半地下库房内;在有火灾危险的工作场所不堆积大量的可燃物,如原料、半成品、成品等,这些东西应储存在专用库房内,生产过程中随用随即运输,生产的产品及时运走。

❸ 灭火措施

在危险货物装卸、运输过程中,万一不慎货物起火,要尽快组织人员及时扑灭。灭火措施分初期灭火和正规灭火。初期灭火是在刚刚起火时采取的应急措施,如使用手提式干粉灭火器、二氧化碳灭火器等扑灭初期的火焰,同时派人拨打报警电话。如果初期灭火做得好,可以避免发生大火灾,减少经济损失。正规灭火是指企业消防队或城市道路消防队的灭火活动。正规灭火需要大量的水源,故工厂建设中必须考虑建造专用消防水池和足够的消火栓。在运输途中发生着火,驾驶员和押运员的迅速反应和及时扑救非常重要。不同的灭火器所喷出的灭火药剂性质不同,所产生的效果不同。当发生较大火灾并且伴随有爆炸的发生,而无法一时扑灭时,所有人员应当撤离至安全区域,并等火势减弱或爆炸发生之后再计划进入现场灭火事宜。

❹ 疏散措施

如果发生较大火灾,就要设法把人员从危险区域撤离到安全区域,为此,平时就要充分估计到事故发生的可能性,事先指定安全疏散区。建筑设计上要有安全疏散门和通道,疏散楼梯必须设在火焰从窗户喷出而燃烧不到的地方等。当伴随有爆炸时,人员应当躲避在可以遮挡坠落物体的位置,待爆炸发生过后,确定无爆炸后再撤离至其他区域并进行进一步的医疗救治。

❺ 火灾报警

当危险货物运输车辆因突发原因而引发火灾时,应能保持镇静,并能在火灾初期合理使用车辆自配灭火器材进行有效扑灭,接到火灾报警,确认事故单位、地址、危险化学品种类、事故简要情况、人员伤亡情况,按照企业应急预案的规定相应的应急小组信息记录组准备企业资料,后勤保障组准备应急物资和车辆,联络消防部门,告知其该企业存在的易燃、易爆物品的种类、大致存量。

❻ 人员疏散

确认人员滞留及伤亡情况,及时掌握最新信息,协同企业应急指挥小组引导所有人员从最近的安全出口疏散,所有人员撤离至安全地点,立即以班组为单位清点当天出勤人员,如有缺失,立即想办法联系,并及时汇报到现场指挥部。

❼ 灭火救援

确认火灾发生位置，引起火灾的物质类别（压缩气体、液化气体、易燃液体、易燃物品、自燃物品等）及其储存量；明确火灾发生区域的周围环境、周围有无易燃品；确定火灾扑救的基本办法；确定火灾、爆炸可能导致的后果（含火灾与爆炸伴随发生的可能性），企业灭火能力。收集一切可用于灭火的消防设施、器材，组织企业义务消防队赶赴现场，救助被困、受伤人员，对初期火灾进行灭火。隔离开火场附近其他可燃物和易燃易爆物质，防止火势扩大。消防队到现场后，协助消防队灭火，一旦火势失去控制，超出灭火能力范围，立即上报，请求支援。

❽ 安全警戒

隔离事故现场，建立警戒区。根据化学品泄漏的扩散情况、火焰辐射热、爆炸所涉及范围建立警戒区，只准应急救援人员、车辆进入，其余人员、车辆必须经现场指挥部批准后方可进入，对无关人员劝其离开，禁止围观，直至火灾扑灭、现场取证结束及现场有毒有害物质清理结束，经现场指挥部批准后解除。

❾ 信息记录

对火灾现场情况进行拍照记录，记录着火部位，火势，人员救援，灭火，现场指挥领导，着火后的现场情况，火灾证据。询问火灾目击者和企业管理人员：起火的部位，着火危险化学品的属性（化学品技术说明说），引着的原因，着火物质的存量，着火部位的面积，周围车间仓库的情况，有无可燃物、危化品。及时将信息报给现场指挥部和灭火救援组。

❿ 后勤保障

提供应急物资给其他各组，将受伤人员送往医院，清点收回应急物资。

⑪ 信息报送

根据现场伤亡情况进行信息报送，1 人以上死亡或 3 人以上受伤，1h 内报告区安监局，根据事故调查结果编写火灾信息并上报区安委会。

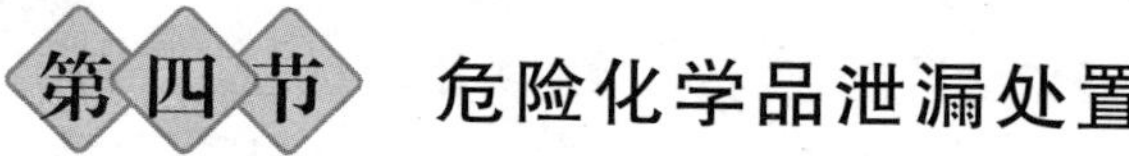

第四节 危险化学品泄漏处置

❶ 事故报警

危险货物运输车辆驾驶人员和押运人员等，在发生事故或其他原因导致所运输车辆发生危险货物泄漏事故发生时（图 6-5），在保障自身及车辆安全的前提下，佩戴好个人劳保用品并将车辆驶离人群或车流较大、交通堵塞的区域，查看车辆危险货物的泄漏状况，进行初步判断事故状况后，运用随车携带的安全警示标志对车辆进行简单隔离和警示，警告周边车辆和人员远离区域，同时向企业有关部门和人员报告现场状况，请求进一步支援。向车辆发生事故所在地区行业主管部门上报事故，根据现场需要判断是否需要向医疗单位等进行救援请求，在自己无能力或无把握对现场进行救护时，保持自身待在安全区域，等待救援。企业的相关部门和人员在接到危险化学品泄漏事故报警后，确认泄漏物质的品名和属性，是否有毒有害，泄漏物质为气态还是液态，液态的挥发性，是否易燃、易爆。并根据以上有关信息提供相关的医疗救护设备设施，前往事故现场进行救助。联系消防、环保、医疗等政府部门。

❷ 人员疏散

确认人员滞留及伤亡情况，及时掌握最新信息，驾驶员、押运员协同企业应急指挥小组引导所有人员从其他安全区域疏散,所有人员撤离危险区域,在危险货物扩散、污染、遗留的有害区域,进行人员的疏散,严防因信息扩散不及时导致的人员中毒受害事故。

图6-5 危化品泄漏事故

❸ 泄漏救援

确定泄漏源的位置,泄漏的化学品种类(易燃、易爆或有毒物质);确定泄漏源的周围环境;确定是否已有泄漏物质进入大气、附近水源、下水道等场所;确定泄漏物质存量、泄漏量,泄漏时间或预计持续时间,泄漏扩散趋势预测;明确泄漏可能导致后果(火灾、爆炸、中毒等),泄漏危机环境的可能性;确定泄漏可能导致后果的主要控制措施(堵漏、工程抢险、人员疏散、医疗救护等)。对液体的泄漏用沙土掩埋,海绵吸附,挖掘隔离带;有毒有害气体泄漏,水溶性气体(如氨气)用水雾稀释,进行救援人员必须佩戴自给式空气呼吸器等防护用品。必要时请求当地调动消防特勤部队、防化兵部队。

❹ 安全警戒

泄漏事故发生后隔离事故现场,并在通往事故现场的主要干道上实行交通管制。只准应急救援人员、车辆进入,其余人员、车辆必须经现场指挥部批准后方可进入,对无关人员劝其离开,禁止围观,直至事故被控制、现场取证结束及现场有毒有害物质清理结束,经现场指挥部批准后解除。在有需要的情况下,可将周边居住群众转移。

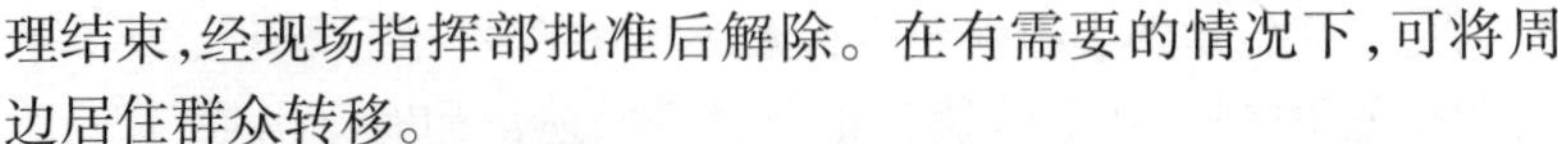

❺ 信息记录

对事故现场情况进行拍照记录,记录泄漏情况,人员救援,灭火,现场指挥领导,事故后的污染情况。询问相关事故目击者和企业管理人员:泄漏的部位,着火的物质,导致泄漏的原因,危险化学品的存量,污染的面积,周围公司人员的情况。及时将信息报给现场指挥部和事故救援组。

❻ 后勤保障

提供应急物资(自给式空气呼吸器等)给其他各组,将受伤人员送往医院,清点收回的应急物资。泄漏危货品处理状况,遗留物质收集和处理,有毒物质的清除等。

❼ 信息报送

根据现场伤亡情况进行信息报送,1 人以上死亡或 3 人以上受伤,1h 内报告地方行业主管部门和安监系统,根据事故调查结果编写事故信息并上报区安委会。

第五节 应急措施

对于道路危险货物运输的从业人员来讲,各类道路危险货物运输的事故应急处理措施尤为重要,在各类不同的情况下,可以将许多已经发生的事故消灭在初发状态。

一、爆炸品

❶ 灭火方法

爆炸品通常有效的灭火方法是用冷水冷却达到灭火目的,但不能采取窒息法或隔离法。禁止使用砂土覆盖燃烧的爆炸品，否则会导致由燃烧转化为爆炸。注意对有毒性的爆炸品，灭火人员应佩戴防毒面具。

❷ 撒漏处理

对爆炸品撒漏，应及时用水湿润，再撒以锯末或棉絮等松软的物品，收集后并保持相对湿度，报请公安机关或消防部门相关人员处理，绝对不允许将收集的撒漏物质重新装入原包装中。

二、气体

❶ 灭火方法

在装卸、运输中遇有火情，应立即报告公安消防部门并组织扑救。同时，尽可能将未着火的气瓶迅速转移至安全处。对已着火的气瓶应使用大量的雾状水喷洒在气瓶上，使其降温冷却；火势尚未扩大时，可用二氧化碳、干粉、泡沫等灭火器进行扑救。扑救气体危险货物火灾时，扑救人员应先关闭管道或容器阀门，阻止继续外泄，防止扩大灾情。

❷ 撒漏处理

在装卸、运输过程中发现气瓶漏气时，特别对于有毒气体，应立即报告公安、消防部门并组织扑救，迅速将漏气的气瓶转移至安全场所，并根据气体性质做好相应的人身防护。

扑救者注意站在上风处向气瓶轻轻泼冷水，使之降低温度，然后再将阀门旋紧。大部分有毒气体能溶解于水，紧急情况时，可用浸过清水的毛巾捂住口鼻进行操作，若不能制止时，可将气瓶推入水中，并及时通知相关管理部门专业人员进行处理。

三、易燃液体

❶ 灭火方法

大部分易燃液体的密度小于水，且不溶于水，一旦发生火灾，用水扑救时会因水沉在燃烧着的液面下面，并能形成喷溅、漂流等而扩大火灾；另外，易燃液体燃烧时所产生的热量较大，而燃点又较低，很难使温度降低到其燃点以下。因此，消灭易燃液体火灾的最有效的方法是采用泡沫、二氧化碳、干粉等扑救。扑救液体危险货物时，扑救人员应最先注意关闭管道或容器阀门，阻止继续外溢，防止事故扩大。

❷ 撒漏处理

易燃液体一旦发生撒漏时，应及时以砂土覆盖或用松软材料吸附后，集中至空旷安全处处理，覆盖时要特别注意防止液体流下来进入下水道、河道等地方，以防止污染。更主要的是如果液体漂浮在下水道或河流水道的水面上，其火灾隐情更严重。

在销毁收集物时，应充分注意燃烧时所产生的有毒气体对人体的危害，必要时应穿戴好防毒面具。

四、易燃固体、易于自燃的物质、遇水放出易燃气体的物质

❶ 灭火方法

由于本类物品性质各异，因此采取灭火的手段有所区别，分别介绍如下。

1）易燃固体

根据易燃固体的不同性质，可用水、砂土、泡沫、二氧化碳灭火剂来灭火，但必须注意以下事项：

(1)遇水反应的易燃固体不得用水扑救，可用干燥的砂土、干粉等灭火剂进行扑救。如闪光粉、铝粉等，不可用水灭火。因为闪光粉是镁粉和氯酸钾混合物，化学性质很活泼，能与水产生剧烈的反应，生成氢气能燃烧，被水冲散到空气中的闪光粉或铝粉末，在遇到明火还有爆炸的危险。

(2)有爆炸危险的易燃固体禁用砂土压盖，如具有爆炸危险性的硝基化合物。

(3)遇水或酸产生剧毒气体的易燃固体，严禁用水、硝酸、泡沫灭火机。如磷的化合物和硝基化合物(包括硝化棉、赛璐珞)、氮化合物、硫黄等，燃烧时产生有毒和刺激性气体，扑救时须注意戴好防毒面具等个人劳动保护用具。

(4)火场中抢救出来的赤磷要谨慎处理。因为赤磷在高温下会转化为黄磷变成易于自燃的物质，同时在扑救时，赤磷被水淋过受潮后，也会缓慢引起自燃。

2)易于自燃的物质

(1)此类物质发生火灾时，一般可用干粉、砂土(干燥时有爆炸危险的易于自燃的物质除外)和二氧化碳等灭火。与水能发生作用的物品严禁用水灭火，如三乙基铝铁溶剂燃烧时温度极高，能使水分解产生氢气，此类物品可用砂土、干粉等灭火剂。

(2)对黄磷火灾现场须谨慎处理，黄磷被水扑灭后只是暂时熄灭，残留黄磷待水分蒸发后又会自燃，所以现场应有专人密切观察。同时要注意，黄磷燃烧时会产生剧毒的五氧化二磷等气体，扑救时应穿戴防护服和防毒面具。

(3)对不同的危险物质，在作业中应了解其不同的自燃点并注意采取相应的措施。

3)遇水放出易燃气体的物质

本危险货物发生火灾时，应迅速地将临近未燃烧的物质从火场中撤离或与燃烧物质进行有效的隔离。在灭火时绝对不能用水，只能用干砂、干粉扑灭。并注意以下物品在灭火时绝对不能用水扑救：

(1)活泼金属及其他与水接触放出氢气的物质。

(2)遇水产生碳氢化合物(气体)的物质。

(3)遇水产生过氧化物等易放出助燃气体的物质。

(4)酸类等遇水产生高温的物质。

(5)遇水产生有毒或腐蚀性气体的物质。

(6)密度小于水的物质。

遇水反应产生易燃或有毒气体的物质，不得使用泡沫灭火剂。如碳化钙(电石)等。

活泼金属禁用二氧化碳灭火器进行扑救。因为钾、钠等具有极强的还原性，甚至能夺取二氧化碳中的氧，应使用氮或石墨粉来扑救。锂的火灾不能用食盐和氮扑救，而只能用石墨扑救。

碳化物、磷化物遇水反应能产生剧毒、腐蚀性气体，灭火扑救时应穿戴防护用品和隔离式呼吸器。

❷ 洒漏处理

在装卸、运输过程中货物洒漏时，可以收集起来另行包装。收集的残留物不能任意排放、抛弃。对于水反应的洒漏物处理时不能用水，但清扫后的现场可以用大量的水冲刷清洗。还应注意，对注有稳定剂的物品，残留物收集后重新包装，也应注入相应的稳定剂。

五、氧化性物质和有机过氧化物

❶ 灭火方法

(1)对于该类物质万一发生火灾时，对有机过氧化物、金属过氧化物、有机过氧化物及其衍生物不能用水扑灭，因为这些氧化物和水作用往往可以生成氧气，能帮助燃烧、扩大火势，只能用砂土、干粉、二氧化碳灭火剂进行灭火。泡沫灭火机中的药剂是水溶剂，故也禁止使用。

(2)其余大部分氧化性物质都可以用水扑救。粉状物品应用雾状水扑救。

(3)在扑救时，要配备适当的防毒面具，以防中毒。在没有防毒面具的情况下，可将一般口罩用5%的小苏打水浸泡后使用，但其有效时间短，必须随时更换。

❷ 洒漏处理

(1)在装卸过程中，由于包装不良或操作不当，有部分氧化物物质洒漏，应轻轻扫起，另行包装。这些从地上扫起重新包装的氧化物质，因接触过空气或混有可燃物的物质等，为防止发生变化，不得同车发运，须留在发货处的适当地方，观察24h后才能重新入库堆存。

(2)对洒漏的少量氧化性物质或残留物应清扫干净，进行深埋处理。

六、毒性物质和感染性物质

❶ 灭火方法

毒性物质因其种类繁多、性质各异，一旦发生火灾危害很大，掌握其灭火方法必须注意以下几点：

(1)无机毒性物质中的硒化合物、磷化锌、磷化铝、氟化氢钠、氯化硫、二氧化硫等，因为其氟、氯、硫、硒、磷等都是物质活泼的非金属，遇水后能和水中的氢生成有毒或有腐蚀性的气体。因此，这类物品起火后，不能用水扑救，而要用砂土或二氧化碳灭火剂扑救。

(2)毒性物质中的氰化物遇酸性物质能生成剧毒气体氢化氰。这类物质发生火灾时,不能用酸碱灭火剂扑救,可用水或砂土扑救。

(3)大部分毒性物质在着火、受热或与水、酸接触时,能产生有毒和刺激性气体及烟雾,灭火人员必须根据毒性物质的性质采取不同的消防方法,在扑救火灾时,尽可能站在上风方向,并佩戴好防毒面具等。

❷ 洒漏处理

对毒性物质的洒漏物应视其具体情况进行处理:如固体货物,通常扫集后装入其他容器中叫货主单位处理;液体应用砂土、锯末等松软物浸润,吸附后扫集,盛入容器中交付货主单位处理;对毒性物质的洒漏物不能任意乱丢或排放,以免扩大污染甚至造成不可估量的危害。

被毒性物质污染过的场地、车辆或防护物品,其洗刷消毒基本方法如下:

(1)氰化物污染物。对于氰化物,如氰化钠、氰化钾污染,可将硫酸钠水溶液撒在污染处,因硫酸钠与氰化物可以生成低毒的硫氰酸盐,从而消除氰化物的毒性,然后用热水冲洗,然后用冷水冲洗。也可用硫酸亚铁、高锰酸钾或次氯酸钠等来处理。

(2)有机磷农药污染物。有机磷农药如1605、苯硫酸、敌死通、1059等洒漏时,首先用生石灰将洒漏物吸干,然后用碱水浸湿污染处,再用热水洗刷,最后用冷水冲洗即可。但是,应该注意敌百虫也是有机磷农药,不可用碱水洗刷。因为敌百虫在碱性溶液中分解很快,大部分变成毒性比它大数倍且易挥发的敌敌畏,所以敌百虫洒漏后,只能用大量水洗刷。

(3)六酸二甲酯污染物。硫酸二甲酯为酸性毒品,在冷水中缓慢分解,分解速度随温度上升而加快,洒漏后先将氨水洒在污染处起中和作用,也可用漂白粉加上 5 倍的水浸湿污染处;再用碱水浸湿;然后用热水和冷水各冲洗一次。

(4)芳香族氨基或硝基化合物污染物。对芳香族氨基或硝基化合物如苯胺、硝基苯等,可将稀盐酸溶液浸湿污染处,再用水冲洗。

(5)砷化物污染物。砷化物如砷、三氧化二砷等,因砷在空气中其表面很快被氧化成三氧化二砷而微溶于水,生成砷酸、亚砷酸。亚砷酸能溶于碱,生成亚砷酸盐,而亚砷酸盐溶于水,可用氢氧化铁解毒,最后用水冲洗。

(6)有机氯粉剂或乳剂农药污染物。有机氯农药在一般情况下不溶于水,而在碱溶液中极易分解释放出氯化氢,生成三氧化苯。所以洒漏后,先将洒漏物收集起来,再用清水冲洗,最后用热水冲洗,无热水时可以撒上碱水后用水冲洗。

七、腐蚀性物质

❶ 灭火方法

腐蚀性物质的灭火方法可概括为大量用水和谨慎用水。

无机腐蚀性物质发生着火或有机腐蚀性物质直接燃烧时,除具有与水反应的物品外,一般可用大量的水扑救。即使有些腐蚀性物质会与水反应,但这些物品量较少,而大量的水迅速扑上足以抑制热反应,也应用大量的水扑救。但用水时应谨慎,宜用雾状水,不能用高压水柱直接喷射物品,尤其是酸液,以免飞溅的水珠带上腐蚀性物质灼伤灭火人员;同时,要控制水的流向,以免带腐蚀性的水流破坏环境。

不少腐蚀性物质燃烧时,会产生有毒气体和烟雾,用水扑救

时，产生的蒸汽也可能有毒性和腐蚀性。因此，扑救时应穿防护服，戴防毒面具，且人应站在上风处。

与水会产生剧烈反应的大量腐蚀性物质发生着火时，用大量的水若不能抑制，液体腐蚀性物质应用干砂或者干土覆盖或用干粉灭火剂扑救。

❷ 洒漏处理

（1）腐蚀性物质洒漏时，液体腐蚀性物质应用干砂、干土覆盖吸收，扫除干净后，再用水洗刷。腐蚀性物质大量溢出，或用干砂、干土不足以吸收时，可视货物的酸碱性质，分别用稀碱或稀硫酸中和。中和时，要防止发生剧烈反应。用水洗刷洒漏现场时，不能用水直接喷射，只能缓慢地浇洗或用雾状水喷淋，以防止水珠飞溅伤人。

（2）溴污染。溴为棕红色发烟液体。沸点 55.8℃，遇水极易挥发，蒸气有毒。污染时，污染处撒上硫代硫酸钠溶液，使溴生成溴化钠，最后可用大量水冲洗。在污染处理作业时，要注意防火，因溴与有机物混合，可能引起燃烧。

八、杂项危险货物质和物品，包括危害环境物质

本类货物的灭火方法和洒漏处理等要求，应按照不同货物的《安全标签》、《化学品安全技术说明书》的要求进行。

第七章　科技化与信息化

第一节　视频监控

近年来危险化学品运输车辆侧翻、碰撞、泄漏和爆炸等事故频繁发生,该类运输事故发生的原因有:危险化学品运输车辆超载;天气恶劣;道路状况不良;驾驶员疏忽违规等。此外,驾驶员可能被泄漏出的毒气伤害而失去知觉,或者自身素质低下而只顾自身逃逸,未能在事故发生后的第一时间发现并报警,导致失去了及时处理及救援疏散的宝贵时间,使得危险化学品进一步泄漏扩散或爆炸。

另外,危险化学品运输车辆营运过程中,还存在着个别驾驶员在货物运输半路停车私自卸货转卖,也给企业带来巨大的经济损失。

以上这些问题的产生,主要是由于缺乏对危险化学品运输全过程实时、动态、有效地监控和管理,使得危险化学品运输事故和货物丢失频繁出现,对人民的生命和财产造成了巨大损失,严重污染了周边环境,影响了和谐社会的构建。

因此建立和完善危险化学品运输车辆实时动态监控管理系统,实现对运输全过程中车辆、人员、环境及危险化学品状态等情况的实时动态监控、预警报警、安全管理与分析和辅助应急救援,最大程度地减少危险化学品运输事故及其危害势在必行。危险化学品运输问题引起党和国家、各级地方政府的高度重视,相继

出台了一系列针对危险化学品运输车辆如何规范运作的法律、法规、标准和规定,例如:2005 年,原交通部颁发了《道路危险物品运输管理规定》、国家安全生产监督管理总局颁发了《危险化学品汽车运输安全监控系统通用规范》和《危险化学品汽车运输安全监控车载终端》的行业标准,国务院国发〔2010〕23 号文件《国务院关于进一步加强企业安全生产工作的通知》、交通运输部 公安部 安全生产监督总局 工业和信息化部,交运发〔2011〕80 号文件《关于加强道路运输车辆动态监管工作的通知》。

随着科学技术的迅速发展,危险化学品道路运输车辆监控管理系统在不断更新换代。充分利用先进的通信技术、计算机技术、可视化技术和自动控制等技术构建危险化学品道路运输车辆监控管理系统,是提高运输车辆安全行驶的有效方法。对危险化学品运输车辆的管理,必须利用现代化的先进技术和科学化的管理手段,强化危险化学品运输车辆的全过程监控和集中管理。

目前,对危险化学品运输车辆主要推行安装 GPS(全球卫星定位系统)、行车记录仪和通信设备实行跟踪管理,在此基础上,加入可视化管理,建立危险化学品运输车辆监控管理系统,使危险化学品运输管理工作科学化、规范化和制度化,同时须建立健全道路危险化学品事故应急救援体系,健全应急救援技术和信息支持系统,培养高素质的应急救援队伍,形成快速反应的应急救援机制,提高应急救援能力,最大限度地降低危货运输事故所造成的损失。

加强对危险化学品运输公司车辆的营运管理,加强对运输货物的实时监控,预防交通事故的发生,确保货物、车辆、驾驶员的安全,并且为交通事故分析提供科学参考依据,保障驾驶员的合法权益,危险化学品运输公司应建立一套基于 3G/4G 无线网络的危险化学品运输车辆监控管理系统(图 7-1)。

将车辆的位置与速度,车内外的图像、视频等各类媒体信息、车辆参数(CANBUS)及车载物品数据参数等进行实时管理,有效满足用户对车辆管理的各类需求。

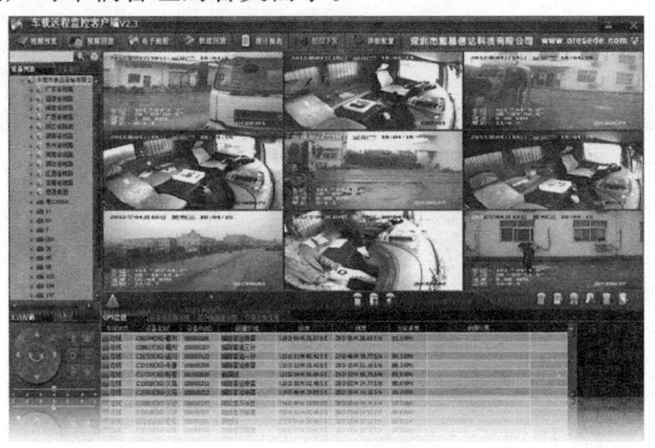

图 7-1　监控管理系统

危险化学品运输车辆监控管理系统遵循危险化学品运输车辆有关标准和规范,综合利用全球卫星定位(GPS)、无线通信(WiFi/GSM/3G)、地理信息系统(GIS)、计算机网络、射频识别(RFID)、视频压缩处理和安全管理等高新技术,最直观地监控车辆实时图像、显示车辆运行状态信息(CANBUS)及车载物品数据参数,同时对车辆及货物实时定位跟踪,将运输行业中的货主、第三方物流及驾驶员等各环节的信息有效、充分地结合起来,达到充分监控、调度货物及车辆的目的,保障货物及驾驶员的安全,提高运输效率。

视频监控,3G/4G 视频监控在运输过程中的作用如下。

(1)实时监控车辆运输过程。3G/4G GPS 车载网络视频服务器可实现多信息的实时监控,车载行驶记录终端可实时监控或随时抽检车辆的行驶状态等信息,系统自动对信息进行处理和存储,能够实时了解车辆的行驶状态和运行环境,及时发现环境或人为问题,包括随意停车,无关搭乘等,对行驶途中碰瓷、讹诈等现象提供有力的证据,维护车主的合法权益。

(2)运输过程信息查询。可随时查询危险品、剧毒化学品生产及运输企业的信息,涉及剧毒化学品管理的法律法规的发布及剧毒化学品名录。可查询托运单位名称、运输单位名称及运输路线,运输相关车辆和运输相关人员,运输剧毒化学品的名称、数量及相关公路运输通行证的有效期等。

(3)紧急事件的应急联动。包括事故现场的交通管制、事故现场周边人员疏散、事故的紧急救援等,相关信息可以实时发送到监控指挥中心,便于对事故的及时处理。

(4)运输结束后的信息处理。车辆到达运输目的地后,可通过有线/无线网络下载查询车辆行驶记录仪与录像文件资料。存储的图像和数据信息能被打印、回放,以便于检查车辆运行轨迹和系统操作日志。

(5)提高安全,事故取证。长途危货货车行驶时间长,路况和人员复杂,车匪路霸较多,容易出现安全问题。特别是春运高峰期间偷、抢、拐、骗的案件恶性交通事故很多,驾驶员违规操作、严重超载等情况时有发生。通过网络远程视频监控和录像系统,客运公司和管理部门随时可以通过3G/4G网络远程视频即时的检查驾驶员是否违章和超载,同时录像资料可以犯罪分子的作案证据。

(6)有效地督促驾驶员严格按照规章操作、文明驾驶,提高行车的安全性。

(7)可对货车运输过程中出现的亏吨等现象提供有力的证据,特别是危险化学品运输车辆,货物亏吨和染货对车主经济造成重大损失,有了视频监控,可以对有些不法厂家恶意亏吨、恶意染货等提供有力的证据,对维护车主权益有着巨大作用。

(8)3G/4G视频监控同时有定位功能,可对车辆进行定位,还有行车轨迹回放等功能。

第二节　GPS　定　位

危险品车辆监控调度系统是集全球卫星定位系统(GPS)、地理信息系统(GIS)以及无线通信技术于一体的软、硬件综合系统(图7-2)。其主要由三部分组成:车载终端、无线数据链路和监控中心系统。可对车辆进行统一集中治理和实时监控调度。

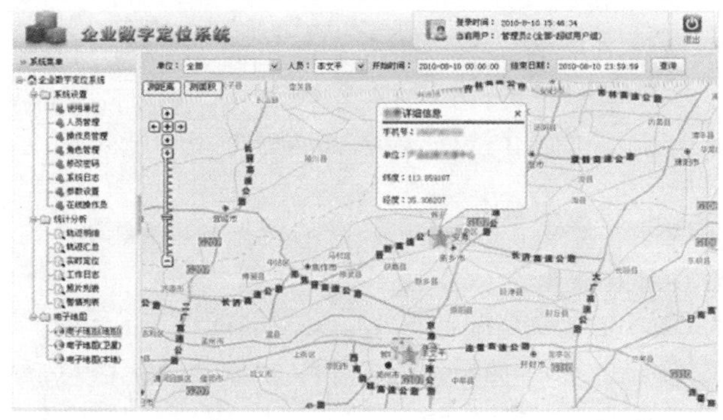

图7-2　车辆GPS动态监控系统

危险品运输车辆GPS监控调度系统具有全天候、全路线车辆实时动态监控的功能,主要应用于车辆的跟踪、调度、监视、历史记录查询、安全报警、车辆档案治理等多种用途。

(1)强大的车辆正确定位、实时监控、高效调度功能。

(2)快速的报警处理机制,将意外情况带来损失降低到最小限度。

(3)提供多种监控方式,可对特定区域和线路进行重点监控。

(4)兼容多种车载终端,赋予用户在硬件选择上的高度灵活性。

(5)可同时支持多种通信方式,包括GSM/CDMA短消息、GPRS、集群。

(6)系统具有完整安全以及自动灾难恢复机制,保证系统安全稳定。

(7)精确的数字舆图及专业的舆图服务支持。

(8)业界领先的高速 2DGIS 及 3DGIS 引擎,特别适合实时监控系统。

系统功能简介如下。

❶ 车辆跟踪监控

系统建立了车辆与监控中心之间迅速、正确、有效的信息传递通道。监控中心可以随时把握车辆状态,迅速下达调度命令。还可以为车辆提供服务信息,有多种监控方式可供选择。

❷ 超速/停车报警

危险品运输车辆一般都有限速行驶的规定,并且运输途中不能随意停车。监控中心可以预先设定限制速度,当车辆的行驶速度超过或者小于规定的阈值时,将自动发出报警信息。以便监控中心采取措施,提醒驾驶员留意速度或者要求驾驶员汇报情况。

❸ 历史轨迹纪录查询

危险品运输车辆在行驶过程中的轨迹信息将被纪录保存,方便事后查询。用户可选定过往一时间段,查询该时间段内指定车辆的历史数据,进行历史回显,是事故分析的得力助手。

❹ 紧急报警

当车辆遭遇紧急情况时,只需要按下报警按钮,车载终端会自动向监控中心发送报警数据,在监控终端显示出车辆位置,并声光提示。另外,当行驶过程中碰到险情或发生交通事故、车辆故障等情况下,可通过车载终端报警按钮向监控中心求救。监控中心还可对车内情况进行监听并录音。

❺ 区域/偏航报警

为了加夸大度治理，一般要求车辆行驶固定路线或者只能在特定区域活动。在系统中为任务车辆预先设置行车路线，任务开始时，车辆行走路线及状态开始被监控及记录，如车辆未按预设行车路线行车或者驶出设定区域，系统将会自动报警，中心可以根据实际情况采取措施。

❻ 车辆统一信息治理

系统能够车辆进行集中统一的信息化治理。治理内容涵盖车辆车牌号码、车台号码、车型、颜色、发动机号、底盘号码、用途等。系统将对车辆的所有这些信息进行采集、录进，而后向用户提供修改、删除以及查询功能。

❼ 系统效益

全程监控车辆运行状况，运输安全真正有保障。

(1)辅助事故分析，事故情况有备可查。

(2)统一车辆信息治理，进步提高治理信息化水平。

(3)进步事故响应速度，将事故的损失减小到最低限度。

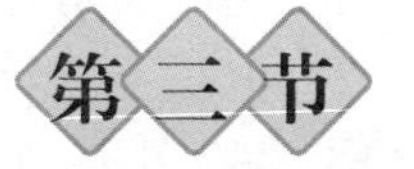

第三节　前车距离保持技术

前车距离保持技术(Car distance preserving technology)，属于行车被动安全的范畴(图7-3)。主要是利用车上的声学或者光学仪器对前车距离进行监测，一旦前车距离接近或低于设定值时，系统会自动制动或减小节气门开度的方式来保持设定的车距。

前车距离保持技术是现代汽车较为创新的技术，目前只在一些以安全著称的厂商配用。例如沃尔沃就将自适应巡航系统(ACC)、驾驶警示和距离警示功能等集合在XC60、XC90上来实现前车距离恒定；日产 QX56、M37 则直接配有 DCA 车距控制技术的功能。

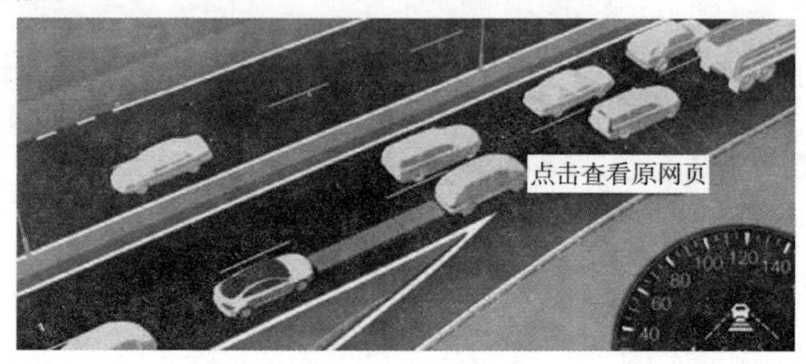

图 7-3　车距保持技术

实现前车距离保持功能的简介——以沃尔沃为例。要实现车距保持功能必须要有传感器，也就是安装在车内后视镜背面的光学传感器，所以千万不要忽视小小后视镜的价值，更换一个可是比较贵的。入正题了，前面略略讲过自适应巡航系统、驾驶警示和距离警示系统共同构成了沃尔沃的前车距离保持技术，在不久的将来有望在整个汽车运输行业实现此功能的安装。

（1）驾驶警示控制系统（DAC）。从技术上看，驾驶员警示控制系统由一个摄像头、若干传感器和一个控制单元组成。摄像头装在风窗和车内后视镜之间，不断测量汽车与车道标志之间的距离。传感器记录汽车的运动，控制单元储存该信息并计算是否有失去对汽车控制的危险。如果评估的结果是高风险，即通过声音信号向驾驶员发出警示。这是一种用提示音的方法让车主自我控制前车距离。

（2）距离警示控制系统（DA）。利用在发动机前舱的雷达发射器和摄像头对前方物体进行监控，雷达主要负责接收距离信号，摄像头则负责分析前方物体是否是车辆等。一旦接近或到达设定距离，先会出现警示信号提醒车主做制动或松加速踏板的动作。一旦超出距离，系统就会制动并且加速踏板产生反推力阻碍车主进一步对加速踏板进行踩踏操作。多用在配合自适应巡航系统使用,即使关闭巡航系统,距离警示也会一如既往的工作,并不会受到影响。

(3)自适应巡航系统(ACC)。自适应巡航控制系统采用雷达探测器持续监测与前车距离,并自动调整行驶速度,确保与前车始终保持安全的距离。一旦与前车距离过近,带自动制动功能的碰撞警示系统就会提供图像和声响预警,使驾驶员采取措施并同时制动,以防止车辆碰撞事故的发生或者减轻碰撞的后果。值得一提的是,此功能在 30 ~ 200km/h 之间起作用,巡航速度范围比一般车型大得多。

上述功能使用对于汽车的安全驾驶具有重大作用,目前已在欧美市场居多车辆设置,前车距离保持在巡航和驾驶疲劳时效果明显,在欧美等国颇受欢迎。由于国内的特殊性目前尚未开始大规模普及,在热闹的道路上制动工作过于频繁舒适性不够,并且设定车距过宽很容易让其他车“插队”,过小又起不到该有的作用,这些都是在国内普及的制约。

第四节 疲劳驾驶

疲劳驾驶是指驾驶员在一段时间的驾车之后所产生的反应水平下降,导致不能正常驾车行驶(图 7-4)。驾驶员产生疲劳后,其心理状态也会发生各种各样的变化,如视力下降,致使注意力分散、视野逐渐变窄;思维能力下降,致使反应迟钝、判断迟缓、动作僵硬、节律失调;自我控制能力减退,致使易于激动、心情急躁或开快车等。疲劳驾驶预警系统就是指一旦驾驶员精神状态下滑或进入浅层睡眠,该系统会依据驾驶员精神状态指数分别给出:语音提示,振动提醒,电脉冲警示,警告驾驶员已经进入疲劳状态,需要休息,并同时自动记录相关数据,以便日后查阅,鉴定,

其作用就是监视并提醒驾驶员自身的疲劳状态,减少驾驶员疲劳驾驶潜在危害。

图 7-4　疲劳驾驶引发事故

许多国家都比较重视疲劳驾驶预警系统的研究工作,早期的疲劳驾驶测评主要是从医学角度出发,借助医疗器件进行的,这些研究可以追溯到 1935 年美国交通部管辖的洲际商业协会 ICC(the Interstate Commerce Commission)要求美国公共卫生服务署 USPHS(the United States Public Health Service)对城市商业机动车驾驶员服务时间(the hours of service)管理条例的合理性所进行的调查。但是对疲劳驾驶的实质性的研究工作,是从 20 世纪 80 年代由美国国会批准交通部实施驾驶服务时间(HOS)改革,研究商业机动车驾驶和交通安全的关系,并健全货车和公共汽车安全管理条例开始的。由此把疲劳驾驶的研究提到立法高度,保证了开展疲劳驾驶研究的合法性、有效性和持续性。其研究工作大致可以分为两大类:一是研究疲劳瞌睡产生的机理和其他各种诱发因素,寻找能够降低这种危险的方法;二是研制车辆智能报警系统,防止驾驶员瞌睡状态下驾驶。20 世纪 90 年代,疲劳程度测量方法的研究有了很大的进展,许多国家已开始了疲劳驾驶车载电子测量装置的开发研究工作,尤以美国的研究发展较快。研究成果中具代表性的如下。

(1)德国 SAFEAU 研制的打瞌睡驾驶员侦探系统 DDDS(the Drowsy Driver Detection System)。采用多普勒雷达和复杂的信号处理方法,可获取驾驶员烦躁不安的情绪活动、眨眼频率和持续时间等疲劳数据,用以判断驾驶员是否打瞌睡或睡着. 该系统可制成体积较小的仪器,安装在驾驶室内驾驶员头顶上方,完全不影响驾驶员正常的驾驶活动。

(2)转向盘监视装置 S. A. M. (steering attention monitor)。一种监测转向盘非正常运动的传感器装置,适用于各种车辆。转向盘正常运动时传感器装置不报警,若转向盘 4s 不运动,S. A. M. 就会发出报警声直到转向盘继续正常运动为止。S. A. M. 被固定在车内录音机旁,转向盘下面的杆上装有一条磁性带,用以监测转向盘的运动。使用 S. A. M. 并不意味延长驾驶时间,而是要提醒驾驶员驾车时不要打瞌睡。另外,S. A. M. 与录像机配合使用可以为保险公司提供证据。

(3)日本研制的 DAS2000 型路面警告系统(the DAS2000 Road Alert System)。一种设置在高速公路上用计算机控制的红外线监测装置,当行驶车辆摆过道路中线或路肩时,向驾驶员发出警告。

(4)反应时测试仪 PVT(the psychomotor vigilance test)。根据驾驶员对仪器屏幕上随机出现的光点的反映(光点出现时敲击键盘)速度测试驾驶员的反应时,用以判断其疲劳程度。

(5)日本研制的电子“清醒带”。使用时固定在驾驶员头部,将“清醒带”一端的插头插入车内点烟器的插座,装在带子里的半导体温差电偶使平展在前额部位的铝片变凉,使驾驶员睡意消除,精神振作。据说戴上这种“清醒带”,可以 24h 无睡意。“清醒

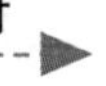

带”使用电压12～14V，电流500mA，十分安全，国内已开始生产和销售这种装置。自2000年以来，随着计算机和集成电路制造技术的提高，机动车驾驶员疲劳驾驶的研究有了进一步的发展，美国华盛顿大学的JohnStern博士是世界上研究眼部动态和疲劳驾驶的权威人士之一，他领导的由美国联邦公路管理局和汽车联合会资助的研究所，通过自行开发的专用照相机、脑电图仪和其他仪器来精确测量头部运动、瞳孔直径变化和眨眼频率，用以研究驾驶行为等问题。研究结果表明：一般情况下人们眼睛闭合的时间在0.12～0.13s，驾驶时若眼睛闭合时间达到0.15s就很容易发生交通事故。宾夕法尼亚大学智能交通实验室和NHTSA采用PERCLOS（眼睛闭合时间占特定时间的百分率）作为精神生理疲劳程度的测量指标，2000年1月明尼苏达大学计算机科学与工程系的NikolaosP. Papanikolopoulos教授成功开发了一套驾驶员眼睛的追踪和定位系统，通过安置在车内的一个CCD摄像头监视驾驶员的脸部，实现以下功能：①用快速简单的算法确定驾驶员眼睛在脸部图像中的确切位置和其他脸部特征；②通过追踪多幅正面脸部特征图像来监控驾驶员是否疲劳。

驾驶员疲劳检测系统实现原理：车内驾驶员疲劳监测技术，本质上是在行驶过程中捕捉并分析驾驶员的生物行为信息，比如眼睛、脸部、心脏、脑电活动等的技术。然而心跳活动和脑电监测由于受接触的限制，目前没有在车内批量应用。当前最多被采用的疲劳检测手段是驾驶员驾车行为分析，即通过记录和解析驾驶员转动转向盘、踩制动踏板等行为特征，判别驾驶员是否疲劳。但是这种方式受驾驶员驾驶习惯影响极大。另一大类别的检测方法是：通过图像分析手段对驾驶员脸部与眼睛特征进行疲劳评估。这一方法正渐渐被整车厂商接受并采用。

国外预防疲劳驾驶的产品：

（1）美国ATTENTION公司的DD850，已经通过美国交通运输部在全美国进行推广，曾经参与安家廷煤矿的疲劳驾驶预警系统的招标。

（2）美国DSS公司的疲劳检测和分析系统。

（3）奔驰、沃而沃的高端系列产品有瞌睡提醒装置。

（4）丰田的13代皇冠在日本销售的产品有瞌睡报警系统，但在中国没有标配。

目前我国尚未有大规模普及这一技术，随着实用技术的不断提高及车辆智能化的普及，我国国内运输业尤其危货运输车辆也会普及这一安全技术。

第八章　事故案例教育与分析

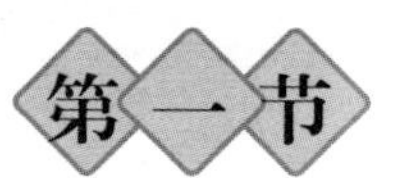

第一节　连霍高速三门峡义昌大桥“2·1”重大运输烟花爆竹爆炸事故

2013 年 2 月 1 日 8 时 57 分，连霍高速三门峡义昌大桥处发生一起运输烟花爆竹爆炸事故，导致义昌大桥部分坍塌，车辆坠落桥下，造成 13 人死亡，9 人受伤，直接经济损失 7632 万元。

一、事故发生经过

2013 年 2 月 1 日 8 时 57 分，石某某驾驶冀 A70 × × × 号货车，沿连霍高速自西向东行驶至连霍高速河南省三门峡市境内 741km900m 义昌大桥上，车上违法装载、运输的烟火药剂爆炸物和烟花爆竹发生爆炸，致使义昌大桥坍塌，车辆坠落桥下，造成 13 人死亡，9 人受伤，直接经济损失约 7632 万元。

二、事故原因和性质

石某某、李瑞党等人使用不具有危险货物运输资质的冀 A70 × × × 号货车，不按照规定进行装载，长途运输违法生产的烟火药剂爆炸物（土地雷）和烟花爆竹（开天雷），途中紧急制动，导致车厢内爆炸物发生撞击、摩擦引发爆炸，是事故发生的直接原因。

三、事故性质

连霍高速三门峡义昌大桥"2·1"重大运输烟花爆竹爆炸事故是一起生产安全责任事故。

四、事故防范措施建议

针对事故暴露出来的问题，为切实落实企业安全生产主体责任和相关部门监管责任，有效防范类似事故再次发生，特提出以下建议：

（1）加强货运企业和货运市场安全监管，督促落实企业安全主体责任。严禁不具备资质运输烟花爆竹，伪装普通物品运输危险货物。要加强对运输企业、运输市场的监督检查，严格查处违法装载、违法运输和伪装运输烟花爆竹行为，对违反规定、顶风作案的单位和个人，要从严惩处，对构成犯罪的，依法从严追究刑事责任。

（2）加强烟花爆竹企业安全监管，严格查处非法违法生产行为。对转包、证照不齐全、不具备安全生产条件的企业，要依法责令停止生产；对具备安全生产条件的企业，要严查其超许可范围、超药量、超定员和改变工房用途生产行为。严禁非法生产、组装烟花爆竹成品和半成品，会同公安、检察机关，依法严厉打击非法违法生产烟火药剂爆炸物品。

（3）加强路面管控，严查非法违法运输行为。严格查处非法违法运输危险货物行为。严格查处无证运输，运输烟花爆竹必须随车携带公安机关核发的《烟花爆竹道路运输许可证》，保证货证相符。运输车辆必须符合国家规定，按公安机关批准的运输路线行驶,实行专车运输,严禁超装超载和中途随意停靠。公安机关和交通运输部门充分利用治安卡点、收费站和省际检查点,采取抽查的方式,对危险品运输车辆进行抽查,并配备必要的烟花爆竹检测仪器,严防伪装违法运输烟花爆竹行为,依法严格查处非法违法运输行为。

(4)加强烟花爆竹产品质量安全,认真落实部门监管职责。要严格履行对烟花爆竹产品的质量监督、市场监督职责,进一步完善质量检测检验制度,加大质量监控和对伪劣违禁产品的查禁力度,要制定具体的质量抽查检验实施方案,对辖区内生产及流入市场的烟花爆竹产品加强质量抽查和检验,依法严格查禁伪劣和违禁产品。

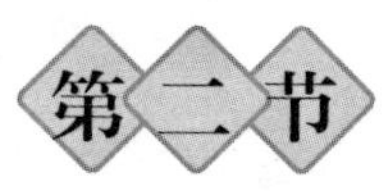

第二节 包茂高速陕西延安"8·26"特别重大道路交通事故

2012年8月26日2时31分许,包茂高速公路陕西省延安市境内发生一起特别重大道路交通事故,造成36人死亡、3人受伤,直接经济损失3160.6万元。

一、事故发生经过

2012年8月25日16时55分,蒙AK1×××卧铺大客车从内蒙古自治区呼和浩特市长途汽车站出发前往陕西省西安市。22时50分,该车在包茂高速与榆神高速互通式立交桥处,搭载一名转乘乘客,此时卧铺大客车实载39人,期间车辆由陈××、高××轮换驾驶。8月25日19时3分,豫HD6×××重型半挂货车在兖州矿业陕西榆林能化有限公司装载35.22t甲醇后,前往陕西省韩城市昌顺化工厂。

2 时 29 分,闪××驾驶重型半挂货车从安塞服务区出发,违法越过出口匝道导流线驶入包茂高速公路第二车道。2 时 31 分许,卧铺大客车在未采取任何制动措施的情况下,正面追尾碰撞重型半挂货车。碰撞致使卧铺大客车前部与重型半挂货车罐体尾部铰合,大客车右侧纵梁撞击罐体后部卸料管,造成卸料管竖向球阀外壳破碎,导致大量甲醇泄漏。碰撞也造成卧铺大客车电气线路绝缘破损发生短路,产生的火花使甲醇蒸气和空气形成的爆炸性混合气体发生爆燃起火,大火迅速引燃重型半挂货车后部和卧铺大客车,并沿甲醇泄漏方向蔓延至附近高速公路路面和涵洞。事故共造成大客车内 36 人死亡、3 人受伤,大客车报废,重型半挂货车、高速公路路面和涵洞受损,直接经济损失 3160.6 万元。

二、事故原因

(1)卧铺大客车驾驶员陈××遇重型半挂货车从匝道驶入高速公路时,本应能够采取安全措施避免事故发生,但因疲劳驾驶而未采取安全措施,其违法行为在事故发生中起重要作用,是导致卧铺大客车追尾碰撞重型半挂货车的主要原因。

(2)重型半挂货车驾驶员闪××从匝道违法驶入高速公路,在高速公路上违法低速行驶,其违法行为也在事故发生中起一定作用,是导致卧铺大客车追尾碰撞重型半挂货车的次要原因。

三、事故性质

经调查认定,包茂高速陕西延安“8·26”特别重大道路交通事故是一起生产安全责任事故。

四、事故防范和整改措施建议

针对事故暴露出来的问题，为进一步细化工作措施，切实落实企业安全生产主体责任和相关部门监管责任，有效防范类似事故再次发生，提出以下建议：

❶ 进一步加强长途卧铺客车安全管理

要严格客运班线审批和监管，加强班线途经道路的安全适应性评估，合理确定营运线路、车型和时段，严格控制 1000km 以上的跨省长途客运班线和夜间运行时间。要加大对现有长途客运车辆的清理整顿，对于不符合安全标准、技术等级不达标的，要坚决停运并彻底整改。要督促道路客运企业严格落实长途客运车辆凌晨 2 时至 5 时停止运行或实行接驳运输制度，充分利用车辆动态监控手段加大对车辆的监督检查力度，督促运输企业严格落实长途危货车辆驾驶员停车换人、落地休息等制度，杜绝驾驶员疲劳驾驶。

❷ 进一步加强危险化学品运输安全管理

建立健全安全管理制度，根据化学品的危险特性采取相应的安全防护措施，并在车辆上配备必要的防护用品和应急救援器材，进一步完善应急预案，有针对性地开展不同条件下的应急预案演练活动；充分利用危险化学品运输车辆动态监控系统，加强对危险化学品运输车辆的管理，严禁危险化学品运输车辆在高速公路低速行驶、随意停靠。要对全省危险化学品运输车辆进行全面排查和清理整顿，禁止任何形式的挂靠车辆从事危险化学品道路运输经营行为；用于运输易燃易爆危险化学品的罐式车辆不符合相关安全技术标准、生产一致性要求的，要积极联系生产企业进行改造。要建立驾驶员驾驶资质、从业资质、交通违法、交通事故等信息的共享联动机制，加强对危险化学品运输车辆驾驶员的动态监管。

❸ 着力提升道路运输行业从业人员教育管理水平

重视道路运输行业从业人员的安全教育培训工作，采用案例教育等多种形式，不断提高从业人员的安全意识、法制意识、责任意识和技能水平。要按照相关要求督促道路运输企业建立驾驶员安全教育、培训及考核制度，定期对危货车辆驾驶员开展法律法规、技能训练、应急处置等教育培训，并对危货车辆驾驶员教育与培训的效果进行考核。危险化学品道路运输企业还应当针对危险化学品的性质，强化驾驶人员和押运人员的应急演练，确保驾驶人员、押运人员在事故发生后及时采取相应的警示措施和安全措施，并按规定及时向当地公安机关报告。要督促运输企业建立驾驶员档案，定期进行考核，及时了解掌握驾驶员状况，严禁不具备相应资质的人员驾驶机动车辆。

晋济高速公路山西晋城段岩后隧道“3·1”特别重大道路交通危化品燃爆事故

一、事故经过

2014 年 3 月 1 日 14 时 45 分许，位于山西省晋城市泽州县的晋济高速公路山西晋城段岩后隧道内，两辆运输甲醇的铰接列车追尾相撞，前车甲醇泄漏起火燃烧，隧道内滞留的另外两辆危险化学品运输车和 31 辆煤炭运输车等车辆被引燃引爆，造成 40 人死亡、12 人受伤和 42 辆车烧毁，直接经济损失 8197 万元。

二、事故原因

晋 E23×××/晋 E2×××挂铰接列车在隧道内追尾豫 HC2×××/豫 H0×××挂铰接列车，造成前车甲醇泄漏，后车发生电气短路，引燃周围可燃物，进而引燃泄漏的甲醇。

❶ 两车追尾的原因

晋 E23×××/晋 E2×××挂铰接列车在进入隧道后，驾驶员未及时发现停在前方的豫 HC2×××/豫 H0×××挂铰接列车，距前车仅五六米时才采取制动措施；晋 E23×××牵引车准牵引总质量(37.6t)，小于晋 E2×××挂罐式半挂车的整备质量与运输甲醇质量之和(38.34t)，存在超载行为，影响制动。

经认定，在晋 E23×××/晋 E2×××挂铰接列车追尾碰撞豫 HC2×××/豫 H0×××挂铰接列车的交通事故中，晋 E23×××/晋 E2×××挂铰接列车驾驶员李某某负全部责任。

❷ 车辆起火燃烧的原因

追尾造成豫 H0×××挂半挂车的罐体下方主卸料管与罐体焊缝处撕裂，该罐体未按标准规定安装紧急切断阀，造成甲醇泄漏；晋 E23×××车发动机舱内高压油泵向后位移，起动机正极多股铜芯线绝缘层破损，导线与输油泵输油管管头空心螺栓发生电气短路，引燃该导线绝缘层及周围可燃物，进而引燃泄漏的甲醇。

三、事故性质

经调查认定，晋济高速公路山西晋城段岩后隧道“3·1”特别重大道路交通危化品燃爆事故是一起生产安全责任事故。

四、事故防范和整改措施建议

针对事故暴露出来的问题，为了深刻吸取事故教训，举一反三，有效防范和减少危险化学品道路运输事故的发生，提出以下建议：

（1）进一步落实企业安全生产主体责任。

（2）要全面排查整治在用危险货物运输车辆加装紧急切断装置。

（3）要进一步加强公路隧道和危险货物运输应急管理。

（4）要加强安全保障技术研究和健全完善安全标准规范工作。

第四节　沪昆高速湖南邵阳段“7·19”特别重大道路交通危化品爆燃事故

一、事故经过

2014 年 7 月 19 日 2 时 57 分，湖南省邵阳市境内沪昆高速公路 1309km33m 处，一辆自东向西行驶运载乙醇的车牌号为湘 A3Z ×××轻型货车，与前方停车排队等候的车牌号为闽 BY2××× 大型普通客车（以下简称大客车）发生追尾碰撞，轻型货车运载的乙醇瞬间大量泄漏起火燃烧，致使大客车、轻型货车等 5 辆车被烧毁，造成 54 人死亡、6 人受伤（其中 4 人因伤势过重医治无效死亡），直接经济损失 5300 余万元。

二、事故原因

这起事故是由于湘 A3Z×××轻型货车追尾闽 BY2×××大客车致使轻型货车所运载乙醇泄漏燃烧所致。

车辆追尾碰撞的原因:刘××驾驶严重超载的轻型货车,未按操作规范安全驾驶,忽视交警的现场示警,未注意观察和及时发现停在前方排队等候的大客车,未采取制动措施,致使轻型货车以 85km/h 的速度撞上大客车,其违法行为是导致车辆追尾碰撞的主要原因。

贾××驾驶大客车未按交通标志指示在规定车道通行,遇前方车辆停车排队等候时,作为本车道最末车辆未按规定开启危险报警闪光灯,其违法行为是导致车辆追尾碰撞的次要原因。

起火燃烧和造成大量人员伤亡的原因:轻型货车高速撞上前方停车排队等候的大客车尾部,车厢内装载乙醇的聚丙烯材质罐体受到剧烈冲击,导致焊缝大面积开裂,乙醇瞬间大量泄漏并迅速向大客车底部和周边弥漫,轻型货车车头右前部由于碰撞变形造成电线短路产生火花,引燃泄漏的乙醇,火焰迅速沿地面向大客车底部和周围蔓延将大客车包围。经调查和现场勘验,事故路段由东向西下坡坡度 0.5%,事发时段风速 2.5m/s,风向为东北风,经专家计算,火焰从轻型货车车头处蔓延至大客车车头,将大客车包围所需时间不足 7s,最终仅有 6 人从大客车内逃出,其中 2 人下车后被大火烧死,4 人被严重烧伤(烧伤面积均在 90% 以上),轻型货车上 2 人死亡,小型越野车和重型厢式货车各 1 人受伤。

三、事故性质

经调查认定,沪昆高速湖南邵阳段“7·19”特别重大道路交通危化品爆燃事故是一起生产安全责任事故。

四、事故防范和整改措施

(1)进一步强化安全生产红线意识。
(2)加大道路危险货物运输“打非治违”工作力度。
(3)进一步加大道路客运安全监管力度。
(4)加强对车辆改装拼装和加装罐体行为的监管。
(5)加大危险化学品安全生产综合治理力度。
(6)进一步加强道路交通和危险货物运输应急管理。

参考文献

[1] 孙华山. 安全生产风险管理[M]. 北京:化学工业出版社,2006.

[2] 交通运输部安全监督司. 道路运输企业安全生产标准化考评指南[M]. 北京:人民交通出版社,2012.

[3] 国家安全生产监督管理总局宣传教育中心. 道路运输企业主要负责人与安管人员安全培训教材[M]. 北京:团结出版社,2014.

[4] 徐大海,陈祖新. 建设工程施工现场安全生产保证体系管理资料(工地安全管理台账实例)[M]. 上海:同济大学出版社,2004.

[5] 周炜. 危险货物道路运输安全检查实用手册[M]. 北京:人民交通出版社股份有限公司,2014.

[6] 国家安全生产监督管理总局宣传教育中心. 生产经营单位从业人员安全培训通用教材[M]. 江苏:中国矿业出版社,2015.